・罗家德/著 ・谢朝霞/整理

中国商道

社会网与中国管理本质

Social Network
and Chinese Indigenous Management

社会科学文献出版社
SOCIAL SCIENCES ACADEMIC PRESS (CHINA)

前　言

　　这本小书是我上课时的演讲稿,整理出来,可以提供给学生与大众读者一本通俗性的读物。这本书可以说是14年来我在管理领域做的定性研究的一个总结,对下述问题可用一个粗略的概念架构加以回答。

　　为什么中国人谈领导,强调的是无为而治?

　　为什么我们谈经营会说"做生意前先做人"?

　　为什么我们谈治理会说"半部《论语》治天下"?

　　为什么中国人要"诚意、正心、修身、齐家",之后才能"治国"?

　　为什么中国人的治理理想是"百道并行而不悖,万物并育不相害"?

　　为什么中国又总是陷在"一放就活,一活就乱,一乱就收,一收就死,一死再放"的治乱循环中?

为什么我们会有"宁为鸡首,不为牛后"的现象?为什么中国人的社会总是创业特别多,中小企业特别发达?

为什么我们的企业内常有"上层级、下网络"的结构,企业内常有一些不同形式的自组织,如挂靠进来的子公司或独立团队,以及承包出去的业务单位、地方分公司、利润中心部门或内部创业团队?

为什么我们企业间总是结成网络,合作共荣?商帮如温州帮,小企业网络如义乌模式,平台模式如联发科提供技术平台给山寨手机与淘宝网提供服务平台给网店,网络整合者如利丰公司,还有到处可见的中心——卫星外包网,以及一镇一产业的产业网。这是内层级、外网络的结构。

这样的上层级、下网络,内层级、外网络的结构在中国竞争力特别强。

相反,把整个价值链全部整合的大型企业,除了劳动力密集型的"血汗工厂"表现较好外,大多数往往十分低效,不是靠垄断生存,就是不具国际竞争力。

为什么我们的企业内部总是充斥着派系、抱团现象,上有政策下有对策,集体规避层级制的管理?

这些本土常见的组织现象,如何解释?14年来的研究与教学,其间也数度参与企业做顾问,参与组织电子商务企业与非营利组织,促使我思考这些中国本土的组织现象。

1996年开始,一个意外,一位日本留英博士生想研究高科技产业集群,找我合作。在一位业界重要人士的介绍下，我得到了进入这个产业的机会，随即带着学生开始做中国高科技制造业的外包交易治理研究。我们先是访谈了44家相关企业，继之在东莞及苏州，对两家全球顶尖的高科技产品厂商做了深入的田野研究。我们的研究人员经常一驻厂观察就是3～9个月。另外，我在收集企业内整体网资料之前，往往也会要求研究人员进驻公司观察，以对从西方引入的问卷，做必要的本土化修正。就这样，慢慢累积了14年的定性管理研究资料。

这些定性研究经验让我看到中国人的组织行为和管理实务与管理学教科书的教条或西方管理研究成果有很多不同的地方。比如，从西方社会网研究的成果引申出的管理实务总是鼓励企业多轮调，因为轮调可以促成更多的关系联结，在部门与部门间建立一些桥，增加沟通的管道。人力资源管理实务也鼓励轮调，因为这样可以提高工作的挑战性与有趣性，而且可以增加员工更多样的工作技能。但一些中国中型企业的老板却对这样的管理实务表示质疑，他们只敢采取有限范围内的轮调，却有计划地避免员工熟悉每个部门，以免他们学会了所有技术细节，又掌握了客户关系，跳出去开相同的公司，回过头来与自己竞争。更糟糕的情况是，有时跳出去的不是一个人而是一群人，一下子公司就少了好大一群骨干，全成了竞争对手。

这样的管理问题如何解决？是什么原因造成的？我们常说中国人"宁为鸡首，不为牛后"，显然，这样的民族性深深地困扰着中小企业的老板们。另外中国人喜欢抱团、搞派系，所以一跳槽，一自立门户，走的常常不是一个人，而是一群人。如何解释这种现象？如何解决这些老板面对的管理问题？

原本我学的是统计方法与数量模型，这在管理学界无疑是常见而且主流的方法，但这种方法是建立在已有良好大型理论（Grand Theory）的前提之上。当发现这么多的中国本土管理现象，西方来的管理理论并不能很好解释时，我只好重新回到管理场域的田野中，访谈、观察、参与，从定性研究及亲身参与组织实务里慢慢去发掘新的理论方向。

从本土社会学及本土心理学出发，渐渐地一个解释架构浮上心头，我以为这些现象就是根植在"人情社会"或"关系社会"的本质中。中国的工作者都晓得人脉的重要，工作的主要内容就是在积累人脉，因为未来的工作成就，最重要的决定因素就是人脉的广度与深度。而人脉的积累有赖于平时的人情交换，在人情交换中建立的很多熟人连带，正好是实现个人成就目标时可以动员的资源。中国人就是在"你捧我场，我捧你场"的交换中追求自我实现。中国人懂得个人英雄主义是成不了事的，所以要用一群人的力量，也懂得要与这群人分享成果，所以一群人很容易结成一个圈子，一荣共荣，一毁俱毁。利用这种中国人的圈子现象的最好方法就是让他们"裂土封侯"，自组织出自己的团队，开疆辟土。相反的，圈子留在科层组织中，不免会形成派系，相互争斗，上有政策下有对策，搞出潜规则。

自组织是解释中国人组织行为的关键，自组织会相互结成组织网络，互为联盟或上下游，所以中国的组织总以网络结构为主。正视自组织，善用自组织，学习管理自组织，正是中国这些管理智慧的根源。

教授组织理论及其相关课程已历16年，1997年以后我也开始在管理学门中教授组织行为学、关系管理学以及创业学。渐渐地，我将这些研究心得融入课程，在创业学中谈中国人的领导特色——无为而治、差序格局、恩威德并济与中庸之道，在组织理论中谈中国人的人情交换、圈子现象、派系问题以及组织的网络结构。经过与EMBA学生与研究生的不断切磋，以及自己亲身实践和做顾问的经验，这套课程渐趋成熟。一方面我准备将过去的研究以这个解释架构集结起来出书，一方面趁着2009年赴西安交通大学讲课之便，将课程录下来，整理，出个演讲集，较学术性专著通俗易懂，就是这本小书了。

这本小书不是一部严谨的学术性论著，所以不强调其立论的逻辑性，而着重把这些年的研究心得以最简单、通俗的语言表达出来。因为它不是学术性论著，所以本书也不会使用学术论文的格式，不加标注与参考书目，而是以整理演讲稿的方式刊行。

但这也不同于我写给企业界学生及社会大众的通俗性读物，这本小书加强了学理性，引用了较多学术理论，仍是可以做大学教材用的,有点类似"科普"类的书籍。希望这本小书可以引导大学本科生和研究生以及社会上对学理知识较感兴趣的人进入本土管理学的天地,并了解社会学如何看待中国文化特色下的管理学。

最后我要谢谢台湾逢甲大学的郑孟育教授,我演讲中用了一些他和我共同研究的个案,也要谢谢我的学生谢朝霞,她整理了我的演讲稿,还要感谢社会科学文献出版社的童根兴编辑,演讲稿是很难编辑的,他却完成了一个美好的任务,使得这本书的可读性大增。

罗家德
2010年笔于清华园家居

目　录

导论　中国管理思想的渊源——中庸 …………………… 001

第一讲　本土管理学存在吗？ ……………………………… 011
　一　西方管理在中国的水土不服问题 ………………… 012
　二　我们已有好的管理实务，但缺好的管理理论 …… 015
　三　关系主义下的中国管理 …………………………… 018

第二讲　自组织 ……………………………………………… 024
　一　本土社会学的观点 ………………………………… 024
　二　自组织 ……………………………………………… 025
　三　自组织的形式 ……………………………………… 029
　四　解释自组织 ………………………………………… 037

第三讲　关系管理 …………………………………………… 051
　一　本土社会学观点 …………………………………… 051

二　关系管理：经营信任环境·················056
三　人情困境·····························066

第四讲　礼法并治·····························076
一　本土社会学的启示······················077
二　法、礼之间···························079
三　礼法并治：案例·······················085
四　恩、威、德并济的家长式领导············090

第五讲　圈子理论
——中国人的工作动机·················096
一　本土社会学的解释······················097
二　从 X 理论到 Z 理论····················098
三　C 理论······························102
四　C 型组织····························108

第六讲　中庸之道治理
——层级与自组织的平衡···············115
一　本土社会学的启示······················116
二　自组织作为第三种治理模式··············118
三　市场、政府和自组织间的平衡············123
四　管理自组织···························128

第七讲　从家族企业到企业家族 …………………… 138
一　关系内涵的历史沿革 ………………………………… 139
二　关系的动态发展 ……………………………………… 143

第八讲　中国管理的本质 …………………………… 156
一　中国的管理哲学——中庸 …………………………… 156
二　中国管理的特征 ……………………………………… 159
三　中西管理哲学的差异 ………………………………… 166

第九讲　中国商道研究方法论 ……………………… 173
一　社会网理论如何研究组织 …………………………… 174
二　社会网的方法论观点 ………………………………… 181

导论　中国管理思想的渊源——中庸

"宁为鸡首,不为牛后"的现象,派系、抱团现象,说明了中国人长于利用关系网结成自组织。

企业内上层级、下网络的结构,企业外结成商帮、小企业网络、外包网以及产业网说明中国组织结构是网络式的。

"做生意之前先做人"、"半部《论语》治天下",说明要治理好网络结构中的自组织需要关系管理。

我认为自组织、网络结构以及关系管理是解开中国管理本质之谜的最主要的锁匙。而这把锁匙可以追本溯源到两千多年前就被孔子、孙子、子侰提出的中庸之道。

我以为中庸之道在教育管理者三项修炼,一是放,二是诚,三是平衡。

《中庸》开宗明义就说:"天命之谓性,率性之谓道,修道之谓教",性者理也,理来自天命,任天理而行就是道,这正是道法自然的思想;接着又说:"喜怒哀乐之未发,谓之中;发而皆中节,谓之和。中也者,天下之大本也,和也者,天下之达道也。致中和,天地位焉,万物育焉。"人的七情六欲未发之时就无所偏倚,谓之中,是道之本;人情发出去时又不离天理,谓之和;是道之用,能把中和推于极致,则天地万物各安其分,生生不息。

这样一套思维形成了治理上的"无为主义",也就是小政府或不干涉人民生活的一套思想。诚如《中庸》的结尾语:"《诗》曰:'不显惟德,百辟其刑之。'是故君子笃恭而天下平。《诗》曰:'予怀明德,不大声以色。'子曰:'声色之于化民,末也。'……'上天之载,无声无臭',至矣!"所以中庸之道主张,上善的领导是"不显"、"不大声以色"的,甚至是"无声无臭"的。这样的思想主张限制权力由上而下的扩张,让人民自我组织,自我成长,自我协调,各安其位,生生不息,并相信这些自我组织会协调出社会秩序。

换成今天的管理来说,中庸之道在权力来源上主张不是由上而下的,而是由下而上的;所以自然而然形成的组织就是自组织,自然而然形成的组织结构就是网络式结构,由基层的人自组织成各个自治团体,再让团体相互连接成网络;这种自组织为主的组织中最强大的激励措施不再是加薪、福利及分红,而是自组织的机会——给人一片空间,完全授权，任其发挥，自我组织自定规章自我管理。

中国人是最会自组织的民族，因为自组织是基于人际关系、人际信任而形成的治理模式，不同于层级制（他组织）是由上而下的权力形成的治理模式，也不同于市场是基于自我利益、自由选择与自由竞争形成的治理模式。中国是"人情社会"、"关系社会"，所以基于关系而形成的自然组合就特别发达。早在西汉时期，超出血缘关系结合而成的"私社"就已存在。孟宪实教授在研究唐代敦煌地区的结社行为时更发现，结社是自愿性行为，一个村中不必然是全村参与，而是部分村民自愿参与，有民主的议事与决策，还有完整的组织以及大家议定的"社条"——也就是社员的行为规则。其实中国的宗族也不必然是血缘的结合，张小军教授就指出，很多宗族是自为的，一群没有血缘关系的人也能共建祠堂，"自组织"成一个宗族。

这就是中国总是"跑马圈地、诸侯经济"特别发达的原因，民营经济中总是充满了创业、中小企业、外包网络以及商帮、地区产业集聚，组织之内则总是有承包、挂靠、子公司、子集团等现象。而中国人的管理智慧以为上善的领导是懂得"放"的领导，给人空间，这样才能激发中国人无穷的生命力与创意。

所以中国人在管理时要懂得善用自组织，一流的领导要懂得用人物，能用经营一方的大将，放之千里之外，也能打下一片天地。二流的领导善于用人才，组成坚实的团队，攻城略地，无往不利。好的经理人则善于使用规章、流程、命令系统以组织人员，可以有一个如军队般严谨的组织。但很不幸，有很多领导，获得一点小小的成功，或掌握了一点权力，就开始养一些小人，要人歌功颂德，前呼后拥，好自鸣得意。所以中国管理第一个要问的是你能用人物吗？如果能，你深得中国管理的精髓。如果你善于组织人才成团队，组织人员成企业，就是好的经理人。或者只会用一些人渣且自我吹嘘得意洋洋（当然很多领导用了奴才，也不自知，听着奴才顺从己意花言巧语，还以为得到了不世出的大人才）。"放"任自组织并以自组织激励人物与人才的无穷创意与活力，是中国人无为而治的智慧之源。中庸之道的管理智慧第一个提出的就是自组织。

中国人往往"一放就活"。放，给人自组织的空间，正是中国人最大的激励，有了这个工作动机，中国人的效率、创意与活力都出来了。但结果也常常"一活就乱"。如何放而不乱？中庸之道以为在于诚。

诚的内涵包括三项：一是关系管理，也就是天下国家九经；二是德行领导，也就是以身作则、德育天下；三是价值愿景领导，也就是天下至诚、诚待天下。

中庸的天道观下，治理天下要做的是九经："天下国家有九经，曰：修身也，尊贤也，亲亲也，敬大臣也，体群臣也，子庶民也，来百工也，柔远人也，怀诸侯也。"前几项都是针对政府组织的治理，讲的却是一套对不同的人的关系处理之道，而不谈组织层级、命令、规章、工作流程的设计等。后几项虽不是治理组织之道，却是治理人民之道，讲究的是仁爱、怀柔，使百姓安居乐业。所以中庸之道看重的都是关系管理，只有各类关系都管理好了，才能放而不乱。

天下国家九经的第一项却是修身，换言之，关系管理之本在于修身。《中庸》有云："施诸己而不愿，亦勿施于人"，"君子之道四，丘未能一焉：所求乎子，以事父，未能也；所求乎臣，以事君，未能也；所求乎弟，以事兄，未能也；所求乎朋友，先施之，未能也"。这就是以身作则的道理，而以身作则正是管理学界谈的德行领导的核心。要想儿子如何对待你，你先这样对待父亲；要想部属如何对待你，你先这样对待领导；要想小弟如何对待你，你先这样对待大哥；要想朋友如何对待你，你先这样对待他/她。要做到这些当然不容易，孔子说他也做不好。中国人不是说"要怎样收获就怎样栽"以及"言传不如身教"。领导要想有怎样的组织文化，就要如此作为。再多的口号、教条、训话都是假的，忽悠得人一时，却迟早会丢掉大家的信任。

而修身之本在于诚，所以《中庸》说"唯天下至诚，为能尽其性；能尽其性，则能尽人之性；能尽人之性，则能尽物之性；能尽物之性，则可以赞天地之化育；可以赞天地之化育，则可以与天地参矣。"换言之，领导人以至诚之心开始，可以让天下之人和谐，最后使天地万物各安其分，生生不息。

换成今日的管理来说，就是以诚相交才能收服中国的人物或人才的心。创业者第一个要问的就是，你是真的吗？会不离不弃生死以之地投入你发现的商机中吗？还是，你只是创业狂潮泡沫中随波逐流的一员？甚至只是弄一个商业计划"骗"投资者的钱来玩玩、来试试而已？少了那份真的相信商机、真的愿意付出的真诚，别人是感受不到你的热情的。管理者第一个要问的就是，你真的相信你的商业模式是优良的吗？你所鼓吹塑造的企业文化你能以身作则吗？你所传讲的公司愿景是真的人生信仰，还只是公司的一份宣言而已？

当然，要想放而不乱，制度设计与治理机制也很重要。但中国人的管理智慧却以为，只有制度是不够的，领导者的诚意是不可或缺的。领导者个人的诚意会感动别人，会变成组织文化，会形成组织愿景，"道不同不相为谋"，志同道合才能聚群成事。个人的"道"会传染，会聚众，而成为一群人的"道"，可以放之千里之外也不离经叛道。

所以，一流的领导以诚相待人物与人才，一般的经理懂得以利交换人员的效忠，以法管制人员的行为，不入流的管理者只知对人以力相胁。只是今天很多管理者手握一点小权力，就摆起谱来，一副官架十足的威仪，抱着权力不敢放，只想审批，只想控制，以为天下人都会畏其权威，受其利诱。其实在真正人物与人才眼中，他/她们是玩偶型人物而已。

诚才能为组织提出愿景，才能感动员工追随相同的方向，才能做好价值观领导。中庸之道的管理智慧首先提出的就是关系管理，而关系管理之本在于诚。

大学之道也有十分类似的思想。《大学》有云："古之欲明明德于天下者，先治其国；欲治其国者，先齐其家；欲齐其家者，先修其身；欲修其身者，先正其心；欲正其心者，先诚其意；欲诚其意者，先致其知；致知在格物。物格而后知至，知至而后意诚，意诚而后心正，心正而后身修，身修而后家齐，家齐而后国治，国治而后天下平。"又说："自天子以至于庶人，壹是皆以修身为本。其本乱而末治者否矣；其所厚者薄，而其所薄者厚，未之有也。"

格物、致知、诚意、正心是修身之本，而修身之后才能家齐、国治、天下平。《大学》也指出，治理一群人，小至一个家，大至全天下，都要以修身为本，而修身之本则在诚意、正心。这与中庸之道的思维完全相合。

但中庸之道留给我们最深的印象恐怕不是上述天下至诚、德育众生以及关系管理，而是"允执厥中"、持守中道的思维。这来自《尚书·大禹谟》："人心惟危，道心惟微，惟精惟一，允执厥中。"《中庸》的原文是："子曰：'舜其大知也与！舜好问而好察迩言，隐恶而扬善，执其两端，用其中于民。其斯以为舜乎'。"意思是舜之所以是好领导，是因为不耻下问，常察舆情，精细入微，包容两个极端的想法，却能不偏听不偏看，取其中道而执行。

"执两端、取其中"意味着，首先，中国人看万事万物总是视其为一个整体的系统。其次，在一个整体的系统之中，中国人总能包容两极，令其并存，阴阳相合，二元对立却互不相斥。最后是平衡两极，使之不偏不倚，不会一元独大而失去平衡。

但这要同时考虑《大学》中的一段话，"汤之盘铭曰：'苟日新，日日新，又日新'……康诰曰：'作新民'……诗云：'周虽旧邦，其命维新。'"换言之，大学之道看到的天地事理是常变的，一个系统不可能是静止的，静止的系统就是死的系统，没有生命的系统。所以，大学之道里的系统日日更新、常常变化，中国人要追求的是"作新民"及"其命维新"，随着形势变化而时时改变。在这样常变的系统之中，"允执厥中"就不是在黑白之间取其中，不黑不白变成灰色，或是在左右之间取其中，不左不右中间路线，而是让黑白并存，平衡黑白，让左右相容，却平衡左右，这正是万物并育不相害、百道并行不相悖的道理。

中庸的意思是平衡，而且是在常变的系统中动态地保持平衡，使阴阳相容，两极并存，且能有效地平衡两极，不使一方独大，而失去多元的声音，失去异质互动的活力，失去系统中自我校正的能力。中庸绝对不是平均主义，更不是不好不坏，不黑不白，不左不右，不冷不热。那是平庸，不是中庸。

既然中庸是在常变的系统中保持动态的平衡，则"好问而好察迩言"十分重要，体察到了实情后，如何平衡系统的失衡则更重要。诚如大学之道所言:"知止而后有定,定而后能静,静而后能安,安而后能虑,虑而后能得。物有本末,事有终始,知所先后,则近道矣。"定、静、安、虑、得,从定开始最后能得到正确的决策,找到新的方向,使系统复归平衡。

要动态平衡什么?

中庸的无为而治,在揭示自组织的重要,动态平衡是自组织的"节"。节也可以说是阀(threshold),就是系统从一个状态进入另外一个状态的门槛。无节,则一端是无法自组织,呈现混沌状态,人人相争,没有秩序;而另一端是过度自组织,成为封闭网络,内部团结却勇于外斗,成为"藩镇割据",甚至"军阀乱战"。有节,则是自下而上的权力可以自组织一群人得出有序的社会网,形成规范,自我管理,但又不会内部太密结成利益圈子,对外过度扩张,掠夺其他人的利益。在低度自组织的"节"与过度自组织的"节"之间,就是有节。

另一个动态平衡是领导者进行层级管理的"节"。无节,则一端是放任自流,天下大乱,另一端则是过度控制,扼杀了系统的蓬勃生机。有节就是要"放",不至于过度控制,但同时又要"收",有一定的管理。

所以中庸管理追求的是自上而下的层级控制要有"节",而自下而上的自组织也要有"节"。这两者之间往往又相互影响,相互颉颃。所以中庸之道还要有第三个动态平衡，就是层级权力与自组织权力之间的平衡。

最后，中庸之道的管理目标是"百道并行不相悖，万物并育不相害"，也就是多元并存、相生相克、关系和谐、生生不息。放，才有自组织，才有多元不同，才有生机蓬勃；诚，关系管理、德育天下、诚待万物，才有多元并存和谐相处，相互竞争又相互为用，相互刺激又思想交流。平衡，才能使这个动态开放的复杂系统不会控制过度，多元消失，统一的系统就是一个死寂的系统；另一方面也不会放任过度，系统失序而崩解。日本索尼公司创办人盛田昭夫在读懂儒家经典后悟出了企业管理之道就是：生生不息。

如何做到这样的平衡呢？无为而治绝对不是放任自流。刚好相反，在无为之前，要有大作为。中庸之道指出，这是要领导者以天下至诚开始，到化育万民为止。德化天下之时，大家才会自我组织，自我管理，我无为而天下治。

第一讲／本土管理学存在吗？

本书谈的是中国管理之本质，那么首先一个问题是，什么是中国管理？近年来"中国式管理"、"中国化管理"等名词在社会上风行一时，但遗憾的是，在许多培训师的笔下，所谓中国管理不是一些个人经验的总结，缺少学理基础，就是一些国学的感悟，有人听了得到哲学性的启发，有人则感悟不到其中管理的意涵。这些都无法成为本土化的管理学，也没办法发展出有实务价值的管理工具。因此，谈中国管理，首先需要解决这样一些问题：究竟有没有所谓的本土管理学？中国管理与西方管理是否存在不同？为什么要专门谈中国管理？

社会学、心理学、人类学等学科都已经有了成熟的本土化研究。这些领域的主要代表人物（社会学如费孝通，心理学如杨国枢，人类学如许琅光）和主要研究成果，不仅被国内学者广泛接受，也得到了西方学术界的认同。然而，是否存在本土管理学？目前国内主流管理学仍然停留在向西方学习所谓的"现代管理"的阶段，很少有人去探究中国管理的特点。然而，管理最终是要落实到人和组织，中国社会和西方社会有着很不同的文化根源和社会理想，这也决定了中西的管理基础存在很大差异。中国人如何看待自身，想过怎样的生活，决定了中国人的心理，发展为中国人的行为模式，演化出中国人待人接物的互动规则，进而影响了中国组织的本质，也决定了中国管理不同于西方管理的特质。基于西方组织理论产生的一套现代管理，即便在西方社会也有其自身的问题和障碍，它们被运用于中国社会时，更产生了一系列适应不良的反应。

一　西方管理在中国的水土不服问题

我们常讲的现代管理与"传统的"、"中国的"管理相区隔，实际上指的是从西方诞生的一套管理理论和思想，其肇始于法国的法约尔、德国的韦伯与美国的泰勒，其最重要的特点就是层级制与科学管理。层级制也叫官僚制（bureaucratization），马克斯·韦伯对其作了详尽探讨，并将其特征总结为以下几点。

（1）组织内部有着明确的分工，并且每个成员的权利和责任都有明确规定。

（2）层级制组织，内部划分为自上而下不同等级的职位，下级接受上级指挥。

（3）组织成员任职的资格是其专业技术，而且工作有明确的标准化程序。

（4）管理人员是专职的公职人员，而不是企业所有者，也是非私人化的，不能为私人目的所用。

（5）组织内部有严格的制度、规章和流程，并且普遍适用。

（6）职位独立于具体个人而存在，成员彼此之间只是工作关系，排除私人感情。组织与成员的关系受到条约限制与保护。

（7）所有工作过程都被文字记录，留下档案资料。

现代管理的目标是设计一个庞大的系统，并通过各种手段进行层层管理，最终实现组织内有效率的协作。与传统的组织相比，这样一套体系的确有其优势，然而过分依赖流程设计、规章制度和命令系统，也使其具有很大的弱点。许多西方管理学者早就认识到这个问题，并对层级制进行了批判。查尔斯·佩罗在其《复杂组织》一书中整理了各方的批判理论，指出，层级制存在以下四个方面的问题。

第一，严格的制度规定使得层级制组织缺乏弹性，过多的层级和流程容易造成组织反应速度缓慢，并造成无效率。尤其当外部环境快速变化时，层级制组织更显得难以迅速调整，缺乏创新，从而难以适应。

第二，层级制将员工当成组织机器中的螺丝钉，而忽略员工的情感和多种需求。这种做法限制了员工的自由，使员工从工作中难以获得自我实现的成就感，从而最终压抑了员工的主动性、自发性和创造性。

第三，与层级制组织同时产生的是一种巨大的权力。在层级制组织中，成员只负责执行上级的命令，最终使得巨大权力集中在极少数的领导手里。流程设计、规章制度和命令系统只能规范下层的、重复性高的工作。对于决策，则必须给决策者足够的自由，所以少数大组织的领导掌控着大量资源，却很少受到层级原则的限制。在这种情况下，一旦权力被高层滥用，就会带来极其严重的后果。

第四，这种权力的滥用最容易表现在任人唯亲与谋利营私上，权力集中又不受监督的决策者会将组织的资源或非法或合法地放入私人的口袋，或拿去为私人谋取福利。

韦伯之后的许多西方学者都认识到了层级制的问题，并从各个角度提出弥补的方法，从而有了巴纳德的"经理人的职能"、人群关系学派、有限理性理论、新制度学派与社会网学派等各种管理思潮。这些思潮提出种种人本管理的思想与实务，以修正层级制与科学管理对人性的制约与侵害，从而激励员工。但西方管理思想的基础和核心仍然离不开层级制与科学管理。

我们无法否定理性化的层级制是现代管理的基石，更无法否定其专业化、非人格化、制度化、明文化、条约化等原则至今仍是处理国内很多管理问题的良方。但众多研究却指出，它的优点中同时也包含着缺点。中国人从来就了解一体两面的道理，更强调阴阳相合的道理，所以在采用现代管理制度解决问题的同时，一定要看到它带来害处的另一面。尤其是，中国人的文化特性足以使这些害处扩而大之，所以不能以为这就是管理的万应灵丹，如何扬长补短才是我们该好好思考的事情。

二 我们已有好的管理实务，但缺好的管理理论

如何扬长避短？中国人是不是有一套本土管理学？在回答这些问题之前首先需要看到另一个事实。尽管中国组织存在上述诸多问题，然而一个不容忽视的现象是，中国企业其实很厉害。

固然，很多中国企业目前仍将欧美企业当标杆，向其学习现代管理。这也是必要的。然而，我们看到，中国的制造业在很多领域都已经把世界其他国家很多公司打得很惨。一个例子是我学生目前在做的研究。她研究的村子专门生产手拉葫芦，就是起重机上的吊钩部件。这些由农民经营的企业生产的手拉葫芦，已经行销世界，占到了国内70%的市场份额。第二个例子是义乌的小商品市场。目前义乌有3万外

国人在经常性采购，中国的小商品都已经做到了世界遥遥领先的地步。第三个例子是"山寨"手机（其实大多数"山寨"厂商并不山寨别人的产品，而是有自己的品牌与研发）。一个双卡双待，有手写板、高像素摄像头等先进功能的山寨手机，价格只要六七百块，相同功能的外国品牌手机叫价三倍之多。中国的山寨机已经出口印度、中南美等多个地区，形成了对品牌手机厂的重大竞争。山寨机为何有如此强大的竞争力？它一年可以推出上千款机型，能够适应从老人、小孩到都市粉领、农民工等各种利基市场（niche），因而具备强大竞争力。事实上，除非技术能力不够，只要中国人做上的产品，大多能做得很好。

那么，中国企业是如何做到这样的？其实这就是一种组织结构的结果。为何在某些组织结构中，如义乌的一镇一产业模式，建筑业及高科技代工业中的外包网络模式，以及阿里巴巴及联发科（提供山寨手机产业的技术平台）的平台模式，中国企业就可以这么厉害？相反，整合型、垄断性大型企业在中国常成为无效率、官僚主义、拖沓浪费的代名词？这就是我们要思考的问题。

记得有一次我访谈一个高科技产业研究员，问他为什么高科技ODM（从设计到制造的代工）日本、韩国都做不过我们，劳工成本难道就是最重要的因素吗？他的答案是，劳工成本在高科技制造中占的比重并不一定很大，因不同产品而不同，比如芯片代工，其比例就极低。但我们的优势是：

（1）我们极有弹性，生产可以变多变少很快调整，最适合商业波动这么大的产业。

（2）我们反应快速，那时要日本试制一款高科技产品，至少两到三个礼拜才能做出样品，而我们只要七天。今天这个时间甚至被压缩到三天。

西方管理理论近来最强调的弹性以及快速反应，其实在我们国家有了最好的实践。

早在中国还相对贫穷的20世纪90年代，管理学大师彼得·杜鲁克就预言中国人一定会有管理智慧与世界分享。但是又苦等了十几年，我们并没看到中国管理学者提出什么本土管理学，甚至连方向在哪里都不太清楚。反倒是瑞士洛桑管理学院教授比尔·费舍尔有着旁观者的敏锐观察，说："我猜想——也纯粹只是一个猜测，中国确实已经在管理方面为世界做出了贡献，而这就是有关如何组织与引领'更快节奏的运营'。也许因为过去从未受到重视，如今速度是非常重要的，中国的经济无论是在宏观还是微观水平上都是世界上发展最快的，这是不争的事实。在许多例子中，我反复听到跨国公司的中国员工，在承担新项目以及通过与追求同一目标的多方合作而成功完成任务上，能够轻易地赶超同一公司的国外同僚。"

快速，弹性，多方合作，确实是中国企业管理者的长项，只是我们的管理学者不是习焉不察，就是找不到理论去解释它。

三 关系主义下的中国管理

经过 14 年对企业的田野观察后,我发觉要从中国企业的关系管理与网络结构中去了解中国企业快速反应与保持弹性的原因。

1994 年我从美国留学回来时,脑子里装着的都是从美国学来的管理学知识(在读社会学的组织理论、经济学系硕士学位和应用数学系的工业工程硕士课程时学到的知识),想到管理就是制度、流程、科学管理、数字化、层级制、公司规章等。第一次和台湾东海大学的高承恕教授谈他的"东亚经济研究"心得时,他告诉我一个有趣的定性观察个案。

> 一次一位外国买主来台湾参观一家全球第一大的玩具小马达工厂,该厂当时占了世界玩具小马达的 70% 市场。外国买主以为这是一家万人规模、厂房现代化又有西方管理制度的公司,没想到东转西弯却来到一个乡下一样的地方,一片旧旧的厂房,里面只有四百多位工人。这位外国买主不相信四百人能做出如此大的产值。刚好,该公司要办尾牙宴(就是春节前企业老板慰劳一年来员工辛苦的晚宴),这才让外国买主开了眼界,幌然大悟。原来,尾牙宴席开上百桌,来了上百家供货

商的代表。小马达厂的董事长要一桌一桌敬酒，打通关，喝个爽，搏感情，这让外国买主见识了中国人做生意如何经营外包关系的本事。这么大的产值当然不是四百人生产出来的，而是四百人加上百家供货商协力生产出来的。

这个启示让我改变了研究方向，开始长期以定性方法研究中国的企业结构。我看到中国企业一种普遍的结构方式是，上层结构是层级，但下层结构却是网络。也就是，企业的核心业务为一个层级制组织所掌握，但公司内部往往有挂靠进来的单位，承包部分业务的分支机构，或是独立运作的团队；公司外部则往往有一个外包网或战略联盟伙伴群，公司更常是一个更大的网络如商帮或产业集群的一部分。众多独立或半独立组织结成的网络结构正是中国企业能够保持弹性、易于改变的原因。

但中国企业的管理智慧又如何能在这样的结构中做到快速反应呢？中国的高科技制造业大多也是这样的上层级、下网络结构的公司，但为什么日本的一家整合型企业，靠着命令系统要两三周才能完成的工作，中国企业却只要七天？别忘了，它要调动的不只是员工，还有庞大的外包网。如何管理挂靠、承包、外包与联盟关系，这还要深入中国企业的关系管理中去找出答案。

曾经看到一个报告，列举了很多影响世界的管理思潮，其中有不少日本的成就，却没有一个"中国管理"入选。其实我以为不是我们的管理者做不出有中国特色的好管理，而是我们的管理学者无法回到自己的土地上好好思考我们管理成功的故事。

日本式管理的主要成就除了丰田精简管理、品管圈以及实时（just in time）供应链管理之外，当然还有美国人戴明建立的一套品管理论。而他最主要的组织行为理论成就就是J型企业及整合美式管理与日式管理的Z理论，这个理论说明员工工作的动机不只在于个人温饱与自我实现（也就是X理论与Y理论），更在于追求归属感。所以"工合"（日本称企业员工的合作精神为"工合"）一度也成为现代管理理论中的重要成分，组织忠诚以及组织认同成了组织行为学中的研究议题。日本是集体主义社会，所以日本人对归属感有较强的需求。品管圈这样的管理实务在这样的社会中也执行得特别好。这些美国不是没有，只是这是日本的主要议题，却是美国的次要议题，所以就被日本管理学者（大内是日裔美国人）看到了。

同样的，本土社会学家费孝通指出中国人是差序格局的，是关系主义的，所以中国人最长于社会交换。这既不同于日本的集体主义，也不同于欧美的个体主义。

梁漱溟就直指中国人是家伦理本位主义的，人类学家许烺光说中国人是"情境中心"的，本土心理学家杨国枢、黄光国与何友晖等人则以为研究中国问题要使用"方法论关系主义"（methodological relationalism），西方管理学界也一直把"关系"（Guanxi）作为中国管理研究的核心命题。关系在管理中的作用在中国社会是主要议题，但在欧美则只是次要议题。比如，组织内的社会交换也在西方管理理论中讲，主要表现在领导—部属交换理论（leader-member exchange theory，简称LMX理论）中，但只是西方的次要现象，所以比较晚近才被提出，而且研究也做得较少。社会交换却是我们组织的主要现象，正是中国管理要好好研究的议题。

西方一样有关系，被放在社会连带（social ties）与社会网（social network）的研究之中，但与中国人的关系有何不同？为什么关系与社会交换会是中国管理的主要议题？简单地说，儒家文化强调的是"亲亲有等级"的差序格局，所以只有被认为是"亲"的小圈子才需要符合不讲利、只讲"仁义"的互动原则。换言之，中国人是以自我为中心发展出一层一层由内向外"仁义相交"的圈圈，跟基督教的普世相爱的理想并不相同。所以西方发展出来的管理有人性共通的部分，在中国也适用，但也有适应不良的，这就需要我们自己努力去了解自己。

差序格局的另外一面，就是大多数人还是适用于"以利相交"的社会交换法则，外圈的人可以在交换中明码标价，讨价还价，但越往内圈，则混杂了越多的"仁义"成分。其实很多兄弟相称的人也是打着"仁义"的外衣在做社会交换。所以中国人在组织中或商场上主要是在做社会交换，从交换中扩大自己的一圈一圈关系深浅不同的人脉网。而人脉又是未来取得资源、获致成功与安全的保障。

这种社会交换的基础在中国儒家的人伦理想之下，"互利"之外更要求情、义与分享。中国人的社会交换应用在管理上，在企业内可以形成很多团队，好领导会以情以义以分享进行领导；在组织外也形成庞大的外包网络、战略联盟网络。同样的，核心公司的领导会以情以义以分享组织起这些外围企业。好的企业当然重视"法"，但中国人的法尚俭约的理想使得法外有发挥空间。有情有义有分享之下，发挥空间不会被滥用，工作流程也不会被法绑死，反而成了我们企业的弹性与快速反应的关键所在。

我们之所以生产很有弹性，对顾客反应如此快速，正是因为我们有这种网络结构的组织，又有成功的关系管理，保持着弹性与可变性，什么事都可以快速协商，马上改变。我们已有一些很成功的管理技术，可惜很多管理学者一面倒地只想向西方学，对中国管理现象如派系、挂靠、承包、网络、商帮等，不是视而不见，就是斥之为"封建残余"、"文化糟粕"，对西方有价值的管理实务也太少本土化的改造，就更不用说从本土实践中发展出新理论了。

当然，在国内，滥用关系、误用关系的情况十分严重，以至于走后门、搞特权、派系抱团、内斗内耗的现象所在多有，往往一个弊案一抓就是一个窝案，这些都是关系主义社会的负面现象。但我们不该因噎废食，而该好好地思考如何正确、健康地做好关系管理,从而发挥快速、弹性的优势,减少结党营私的缺点,这有赖本土管理研究的努力。

两千多年来,在儒家"家伦理本位"的社会环境中,我们的祖先已经发展出一套管理之道。我们不禁要问,为什么中国传统会有这样的管理智慧?这样的智慧在今天的现代组织中还能发挥怎样的作用?这些智慧又如何与现代管理实务熔一炉而冶之,产生具有中国特色的现代管理?

这将促使着中国本土管理学的诞生与发展。

第二讲 / 自组织

一 本土社会学的观点

在前言中,我直接指出自组织是解开中国人管理智慧之源的关键。

中国传统上最倡导的管理智慧是无为而治。费孝通在《乡土中国》中解释无为而治的政治时指出,权力有三种,一种是横暴权力,一种是同意权力,一种是教化权力。中国是一个以小自耕农为主的国家,人口众多,土地稀少,所以一般农民的生活必需之外的剩余不多;对外扩张,要的是土地,而不是要人口来做奴隶,所以政治上很少用横暴权力抢奴隶。中国也没有西方的民主传统,所以也不多使用同意权力。因为人多地少剩余少,自耕农为主,所以大多时候中国政治都采取与民生息的政策，要积累很久才能出秦皇汉武唐太宗这样雄才大略对外用兵的领袖。不能体认这一点，想要过快地积累，好大喜功，就常有秦始皇、隋炀帝引发民怨的危险，出现短命王朝。

与民生息的政策重视皇权和"绅权"的平衡。这里，皇权代表的是由上而下的中央控制权，"绅权"则代表的是由下而上地方自组织的权力。后面这种权力的表现形式在宋代以后就是以地方宗族为主的自组织，是一种基于地缘和血缘为主自造出来的团体。这造成中国传统政治的特点是"皇权不下乡"，县以下就没有中央权力的控制机构，而是基本由宗族自治。

无为而治的政治智慧造就了中国人自组织的传统，而中国人自组织的能力又使得无为而治的政治成为可能。

费孝通以为在乡里社会、宗族自治之中，最重要的既不是横暴权力，也不是同意权力，而是教化权力。所以无为而治的基础就是以皇权支持这个教化权力，政治领袖也要成为施行教化的主体，以表态支持社区自组织中的道德规范，这就是为什么中国有"为之君、为之师"的传统。

二　自组织

自组织相对的是他组织。他组织指的是由一个权力主体指定一群人组织起来，以完成一项被赋予的任务。自组织则是一群人基于自愿的原则或不可分离的关系而结合在一起，它有以下特性。

（1）一群人基于关系与信任而自愿结合。

（2）结合的群体产生集体行动的需要。

（3）为了管理集体行动而自定规则、自我管理。

这一概念在管理学中多半用的是网络这个词，这是指一群自组织出来的小单位结合成整个价值链时，会形成网络的结构。社会学却多半使用社区或社群，我则称之为自组织，以统称这一概念。

自组织的概念并不是来自社会科学，而是来自热力学。普里高津研究系统的耗散结构首先提出这一概念。随后德国哈肯研究激光理论，开启"协同学"，研究的也是相关议题。继之，自组织研究在生物进化、生态学、脑神经医学等领域都已经取得了很多进展。诺贝尔经济学奖得主艾罗和诺贝尔物理学奖得主安德森与葛尔曼一起合作成立的圣塔菲研究院，主要研究的就是复杂系统，尤其是自组织的现象。

同样的自组织与结构化现象也出现在社会、经济领域。华兹与史楚盖兹这两位物理学家原本在研究晚上青蛙叫最后为什么会变成和声，萤火虫最后会一起发光。在苦思不解后，华兹忽然一改方向想起米尔格兰的实验，结果他们的研究发现青蛙叫声的互动网络与人际互动网络十分相像，都是米尔格兰所谓的"六度联结的小世界"。他们把成果发表在最有地位的科学期刊《自然》上（*Nature*, Watts and

Strogatz，1998），以及《美国社会学期刊》上（*American Journal of Sociology*，Watts，1999），终于引爆了复杂网在社会科学研究中的浪潮。

格兰诺维特所说的"低度社会化"就好像水蒸气状态，其中每一个都是自由分子在空间中随机运动，碰上任何分子都可以产生互动。"过度社会化"又好像固态的冰，所有动能都不见了，没有能动性的个人只有非常有限的自由，在场力形成的铁栅栏内处处受制。而我们实际的社会却是在这些不同状态中不断转变，更多数的情况是大家既受场力的束缚，也有能动性，更可以集合起来，也就是自组织出一些固定的结构。

尽管自组织并非中国人首先提出的概念，但自组织现象却正是中国组织问题和中国管理行为的核心内涵。中国组织中总是充满了各种独立单位，在内部如挂靠、承包、独立团队、内部创业，在外部则有商帮、外包网络、小企业集群等。那么，为何会这样？现实中大量的自组织现象实际上源于中国人传统的文化心理。

中国人普遍存在一种"宁为鸡首，不为牛后"的心理，也可以称之为小农心理，即人们总是希望能够占到属于自己的"一亩三分地"，拥有属于自己的团队和事业，这是中国人最重要的工作动机。因此，在自己的"一亩三分地"尚未取得时，中国人可以很努力地工作：加入别人的圈子，帮别人"捧场"，累积自己的人脉（或者叫个人社会资本）

等。只要有朝一日能够打造属于自己的团队，中国人甚至可以忍耐20年。而聪明的老板，也知道适时承认员工拥有"一亩三分地"的权力，时候到了必须要放员工"单飞"，否则员工就会离心离德。中国人的这种心态造成中国组织中容易出现富有活力的独立小团队。小团队内部及彼此之间相互联结，又进而形成网络结构。

需要强调的一点是，研究中国的管理问题，首先必须要承认中国的民族性。总有一些管理研究者想要否定中国人的文化基因，总希望能先抽干中国人的传统血液，消除传统基因，然后再用西方的管理学管理中国人，而不是利用这个民族性，发展出利于这个民族性的管理。说到关系，他们就会想到走后门和贿赂，必欲去之而后快。但这是不可能的。

其一，关系在西方的组织中仍是普遍存在而且影响巨大的因素，格兰诺维特就强调，关系不可能被完全扼杀。关系被扼杀了，缺乏基本的信任，交易成本就会无穷大。企业的经营和管理也就举步维艰。其二，如果中国式的关系被完全扼杀，适应力、弹性和快速反应这些"中国特色"的优势也就不见了，我们顾此失彼，并不划算。

中国人阴阳并存、阴阳相合的智慧告诉我们，永远要看到事物的一体两面，而不是一味将自组织和关系当成不好的现象。由自组织而产生的派系斗争、山头主义固然不好，因关系而来的特权、后门固然不好，但我们该思考如何发挥其优势，减少其害处，而不是因噎废食。事实上，美国的现代管理也是如此。在充分发挥其优势之后，那套体系的弱点也越来越凸显出来。管理大师明茨伯格就多次批判，直斥其为失败的管理教育，教出了失败的管理者，带来失败的管理，而这次金融海啸正好把这些弱点完全暴露出来。

所以，我们要先承认中国社会既有的特点，承认中国人不可扼杀的自组织愿望，然后再去研究如何发挥优势、规避弱点，实现"放而不乱"的理想。否则，一个劲地压抑中国人的自组织愿望，不给员工开疆拓土、决胜千里之外的机会，员工就会在组织内部组成派系、抱团、内斗，并创造出一整套"上有政策，下有对策"的潜规则来与正式制度抗争，这些正是中国层级组织面临的重大弊病。

三　自组织的形式

那么，中国的自组织究竟包含什么样的形式呢？主要有以下几种：挂靠、承包和外包，以及西方现代企业也常见的内部创业。另外，如果企业不懂得用"裂土封侯"的激励方式，则内部容易产生派系。

（一）挂靠

挂靠指的是一个独立的公司外组织，挂靠在公司名下，而仍然保留其独立的组织和结构方式。过去我们常见的挂靠形态就是校办企业、集体企业。许多校办企业都是由校友出去成立公司,然后与学校合作,打着学校的招牌,变成名义上的学校分支,实际上仍是独立的机构。挂靠的产生主要因为两个因素。

第一是资源,包括垄断性资源、品牌与通路等。有的资源组织必须要挂在特定机构名下才能获取。比如说矿产、土地,就必须经由政府,或少数有特许权的企业才能掌控。因此,为了掌控资源,一些组织采用挂靠的形式。前面说的校办企业则属于借用大学名声的情况。

第二是"合法性",这是新制度论强调的因素。合法性也就是所谓戴"红帽子",一些事情如果由企业单独做可能会在合法性上遇到问题,而挂靠在某些机构之下则可以规避这个风险。一个例子就是由李连杰代言的壹基金。壹基金就挂靠在中国红十字会名下。因为在中国现行体制下,一般组织很难取得公募(即公开向公众募集善款)的资格,只有少数几家大的基金会才有此权力。因此,壹基金不得不挂靠在中国红十字会之下,否则其募款行为就不合法。

从新制度论的角度,我们就较容易理解20世纪80年代涌现的大批挂靠企业的现象。那个时期,私营经济刚刚解禁,创办私营企业还处在合法性的边缘,于是很多私企就选择挂靠,以集体企业的面貌出现。后来即便已经开放合法,但仍有很多私企选择挂靠,这是为了"合理性":一段时间的经历使得大家总认为,国有经济才安全,才让人信任,私营企业则是旁门左道。因此,挂牌国营,尤其是央企,容易给人这家企业很好、很有实力的印象。

一个值得做的研究是,西方是否有挂靠现象?事实上,西方的加盟联锁(franchise)和挂靠非常类似。当然,加盟本身有不同的形式。有一些加盟对其企业的管制比较多,比如肯德基。它的加盟不仅要求加盟金,还要求食品来源统一供应、装饰统一和标准化的人员培训。而一些要求较少,除了一些行为规范外,就是根据收入按比例分成的加盟就和挂靠很接近。这就是很有意思的管理现象和组织议题。事实上,西方的加盟体系到了中国以后,也开始有了很多的中国特色。比如,许多加盟企业的财务监管,慢慢开始变得不那么严格,而演化成类似"上贡"的形式。那么,加盟和挂靠到底有什么不同?中西的这两种体制究竟存在多大的差异,值得学者深入研究。

另一例子是台湾的7-11便利店。7-11在台湾曾经有两种体系:直营体系的店名就是"7-11",挂靠体系的店名叫"统一面包",两者都隶属统一集团。然而,最后挂靠体系的店全部倒闭,而直营店却生存了下来。其实这就是一个很有趣的现象。究竟什么样的产业环境更适合直营,什么样的产业环境更适合加盟?这些问题也很值得研究。

(二)承包

在中国,第二种自组织现象是承包。承包在业界的一个通俗说法就是"分兵突围",具体而言,它包括两种形式:

业务型承包和产品型承包。

　　双星鞋业的发展走的就是业务型承包路线。双星的前身是一家橡胶厂，结果做不下去被逼转行。但走上球鞋制造道路之后，由于在质量、品牌等各方面都赶不上国际品牌在中国代工的产品而陷入困境，在这种局势下，双星企业决定采取"分兵突围"的方式，即将各省业务分派给手下干将，由他们各自承包一块，凭自己的本事去开拓市场。

　　1998年，在负责人汪海的主导下，一场以"私人买断、国有资本退出"、"各承包代理商按年分期偿还所欠集团让利打折资金"为特征的双星各地方分公司的私人承包责任制改革拉开大幕。事实证明了中国人"一放就活"的特性，双星的承包策略突围成功。双星的球鞋虽然在一线城市打不过国际知名品牌，但在二、三线城市却很受欢迎，尤其是在西南省份。截至2008年前后，双星已在山东、河南、四川、贵州等地的山区建起十几个低成本的生产基地，部署下西南地区、鲁冀地区等为代表的10大经营战区、200多家代理、5000多家连锁店的营销网络。双星牌运动鞋连续10年夺得同类商品市场销售第一，稳居大陆制鞋行业的龙头地位。

　　双星集团内，有两位地区负责人是汪海的得力助手、重点培养对象，甚至与汪老爷子以"父子"、"父女"相称——他们就是刘树利、韩俊芝夫妇。双星西南各公司也改制成刘树利等个人股东共同拥有的私营企业——成都科技投资发展有限公司。在分权让利的承包制下，西南双星超常崛起。到

2007年底，其总资产接近3亿元，净资产1.5亿元，年销售额达到7.5亿元，在整个西南地区拥有专卖店近2000家（包括直营店和加盟店），而当时双星在全国的专卖店总计也才5000家左右。时下，西南双星已经不仅仅是一个承包代理商身份，其鞋类和服装的产能已经具备相当规模，甚至超过双星集团本部，且控制了"双星"品牌的大部分渠道。西南双星在客观上与双星集团形成"双星"品牌共享。2008年，西南双星的销售量相当于双星品牌总销售量的50%。承包带来的强大工作动力与如同家人般的信任关系使得西南双星成就非凡。

承包的第二种形式是产品型承包。举例而言，一家销售大米的公司，可能将其产品细分为几种不同的类型，分别由不同的人来负责。比如，张三可能负责普通米的销售，李四则负责销售添加粗粮的"健康米"等。现代组织管理中也有一些类似承包的制度，比如彼得·杜鲁克极力提倡的成本中心制度（或利润中心制度）、企业内部创业制度（internal start-ups），以及在企业集团中成立子公司等。这些制度的共同特色都是只监管成果，不再监管流程，尽量减少干涉人事，并给其独立决策的空间，最后再依成果论绩效。虽然这些制度分红的方式会有所不同，产权的分配也各自相异，但都保持了高度分权的特性。中国的承包与这些具有承包特色的现代管理制度有何不同，也是一个有趣的组织研究议题。

当然，承包也可能带来问题，尤其是当承包层级太多，管控不力之时。杭州地铁工程建设塌陷事故，以及上海"楼脆脆"事故，就都是因为工程层层承包，导致责任不明、完全无法监管的结果。工程承包在中国建筑行业广泛存在，这一方面是中国建筑业的活力所在，然而另一方面治理机制不够、承包层级过多和控管不严的确也造成了品质问题。如何设计一种机制，既能够发挥承包的激励作用和活力，又能实现"放而不乱"，需要管理者好好思索。

（三）企业的自组织形式

目标管理　成本中心制度　内部创业制度　承包　连锁—挂靠　外包

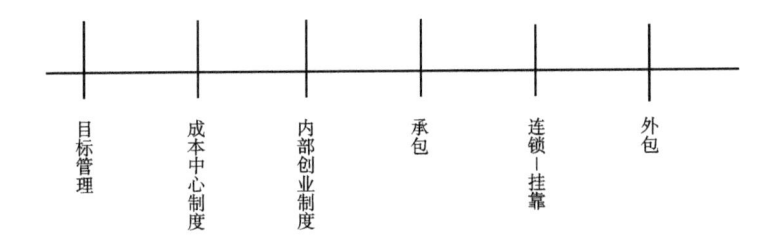

图 1　企业中不同自组织形态

图 1 以企业组织说明了不同形式的自组织。目标管理与成本中心制度是管理学大师彼得·杜鲁克在 20 世纪六七十年代因应所谓"知识型工人"的兴起而设计的，之后受到企业重视而广为推之。严格意义上说，它们还不算是自组织，因为目标管理可能对象不是一个团队而是一个人，成本中心的单位也不必然是员工的自愿结合，但这些制度保留了

自订规章、自设流程、自我管理的权力,只以最后的绩效作评鉴的依归。

内部创业制度或自我导向团队(self-directed team)是现代组织管理中发展出来的自组织形式。内部创业"公司"或自主管理团队不但有了自订规章、自设流程、自我管理的权力,而且有了自愿结合的关系,也就是有了大部分的人事权。但我仍然将之与中国式的"承包"区隔开来,因为承包可以在结构上松散到很难称为制度,比如只要一群员工交了"份子钱",他们就可以打着公司的旗号在外头独立包揽生意。这种只以关系与信任作为非正式治理,而没有任何正式制度的治理机制,展现了很强的中国"关系社会"、"人情社会"的特质。

同样的,中国的挂靠现象有时也展现了这些特质,因此与现代管理制度中加盟连锁有所区别。同样是原来外头的独立单位"挂"进一家企业,中国的挂靠现象却有更多样的治理机制,值得国内管理学者好好研究。

最后也最终极的自组织就是外包,即索性让承包单位独立出去成为一家公司,只在长期的交易中,以交易治理机制规范两家公司间的关系。

(四) 派系、抱团

自组织如果未能很好地管理,就有可能演化为组织中的派系,即一群人结成小团体,把所有的个人利益与小团体的成败联系在一起，并逐渐使得派系内与派系外成员产生不信任和分歧。这种结派现象正标注了关系影响从正面向负面的一个转折点。

　　派系几乎在每个组织中都存在，但矛盾的是，管理学界却对其研究甚少。我的一个学生从事知识管理研究，他发现，取得隐性知识是中国人加入派系的重要理由。这个结论和格兰诺维特的研究类似。格兰诺维特在探讨职场中的种族问题时发现，黑人很难胜任更高技术水平的工作，这并非由于其专业能力的缺陷，而是由于进入不了公司内部的小圈圈，无法取得隐性知识。俗话说"师父带进门"，但他无法找到师父。一份工作的技术性内容较好掌握，然而，最重要的却是其他一些隐性的内容：比如如何在组织中生存，组织中各人间的关系，组织里的关键人物，领导风格和偏好，各种类型的顾客喜好，以及工作中的一些关键技巧等。这些内容很难记录，只能靠师父带徒弟的方式传授。在西方社会中，较高级工作的内部圈圈里大多是白人，而这些人很少愿意充当黑人的师父。因此，黑人尽管也很优秀，却因为无法了解重要的隐性知识，从而无法掌握工作的线索，结果往往表现很差。因此，在中国，新入职的员工往往希望很快找到派系，加入派系，以取得圈内人的帮助，获取隐性知识。

　　派系现象有很强的中国特色。尽管西方小团体（small group）的概念与派系接近，但仍有很多不一样之处。一个特点就是，中国的派系往往不仅是组织中一小群人的集结，而且同时伴随着自我管理规则（潜规则）的出现，并且这些规则会被用来对抗正式规则。正因为如此，我曾将派系翻译为"gang"，即帮派。另一个类似的概念是出现在政治学中的派别（faction），但派别多半是因为政策导向不同或意识形态不同而产生，不像派系有那么强的关系导向。

四　解释自组织

自我组织的产生包括两个阶段：首先是一群人形成小团体。其次，这个小团体还需要包含特定目的，并为了这个共同目标进行分工合作、采取行动。唯有当小团队进入自我管理阶段，能自发地为同一目标行动，这时候它才能被称为自组织，否则只能是小团体而已。举例而言，五六个朋友闲暇时光喜欢聚在一起，打打牌、聊聊天打发时间，这只是聚合了一个小团体。然而，如果这几个人有一个共同目标，如宣传环保事业，并有计划地分工组织，进行公开演讲、发放传单等活动，且自订规章，持续地从事这些活动，这时候小团体才能够被称为自组织。

自组织的形成通常需要一个过程，这过程中的五个步骤正是我们研究自组织动态发展的五个子题。

首先是一群人聚拢，彼此之间社会网连接增多，关系越来越密集。

第二步是小团体产生：随着内部连接增多，这群小团体内的人与大组织内的其他人的关系渐渐疏远。这个阶段,如果用社会网分析的方法进行小团体分析可以发现,这一群人内部的关系开始变密,而外部的关系则开始变疏,这时它就可以被认定是一个小团体了。

第三个步骤是小团体内部认同产生,内部的人开始清楚地认识到自己与团体外成员的差别,意识到自己的成员身份。

中国人之所以善于自组织,主要因素之一就是中国人善于创造认同,比如一群没血缘关系的人也可以找到几千年前的共同祖先,甚至可以共立祠堂。又比如一群人可以找到一个共同老师而成为同一师门的师兄弟。实在找不到关系了,还可以结拜,创造出如"十三兄弟帮"之类的认同。

在第四步中,小团体形成一个共同的团队目标,并开始为实现这个目标采取集体行动。

最后,团体还会逐步演化出团体规则和集体监督的机制,以确保共同目标的顺利达成。

(一)社会网的解释

如何对这种自组织现象提出理论解释呢?

在中国社会中,一个重要而特殊的现象就是人情交换。一方面,这种人情交换是掩饰在情感关系之下的,因此不能明言回报,讨价还价。但另一方面,交换的双方心中都有一本"人情账"。施惠的一方不好明言,受惠的一方也不能忘记,必须记入"人情账",以待他日偿还。所以当施惠的一方需要帮忙时，他会首先想到向受惠一方要求帮忙，受惠的一方也会"回报"，以展现其感恩图报的诚意。而且这种回报可能更多，使对方又欠了人情，且务必使双方的人情账不能结清。由于双方追求的都是长期的关系，而不是每一次往来的"公平"，因此受惠的一方在需要更多帮忙时，除了想到自己曾施惠的对象外，也会想到曾施惠于己的人。欠更多的人情没有关系，只要在长时间中有欠有还，保持"报"的规范，熟人连带则能得到增强。正是在这种往复多次施惠、受惠与回报的过程中，熟人连带建立起来。这种连带的演化和发展，会逐渐带来抱团现象，并在某些条件下导致组织中派系的形成。

所以自组织研究的第一步就是要问是什么样的关系使得一群人越聚越密。在我的汶川大地震灾后重建中乡村自组织的研究里，大家就可以看到这个关系动员网络大多建立在乡缘以及亲缘基础之上，也有从党员开始动员的。但中国一个特别的现象是，动员过程中一定有能人做领头羊。

在中国这样一个关系社会中，自组织能否发生，关键不只在于社区自身是否拥有基本的社会资本存量，也在于"是否存在一个或若干个民间领袖或精英"。这类精英"出于社会地位、威望、荣耀并向大众负责的考虑，而不（仅仅）是为了追求（个人）物质利益"承担起带头人或主持人的角色，且因为生存于当地"权力的文化网络"之中，能够有效地影响到村内其他成员的态度和行为。

能人现象证实了费孝通所言的个人中心差序格局人脉网，能人一定是在自己的人脉网中开始动员。动员过程经常就是一个能人带动了一群小能人，小能人又动员自己的人脉网，一个团体就在这样滚雪球的过程中慢慢扩张，逐渐成形。

在一定的条件下，这样基于人情交换形成的网络就会慢慢固化，成为一些固定在圈内进行交换的小团体。我和我的学生曾尝试使用计算机动态仿真模型的方法，模拟中国人的人情交换过程，结果发现一些很有趣的结论：第一，当资源量较为缺乏又不太贫乏时，模型中的组织较容易出现抱团现象。当资源量很丰富，所有人较易慷慨地相互帮助，他们较少与特定对象进行人情交换的动机，因此也难以发展出复杂的人际网络。而当资源量很贫乏时，人与人的交换易趋于短期，因此也较难发展出长期交换的熟人连带。

第二，资源分配的稳定性是资源量影响抱团现象的调节变量。也就是说，在资源总量较为缺乏，有利于抱团产生的情况下，当资源量在个体之间的分配差异很大（方差很大）时，派系更容易产生。反之，如果资源分配比较平均，则较不会产生抱团现象。

第三，有"傍富"效应时容易产生抱团。所谓"傍富"效应，指的是人们通常喜欢选择与更受欢迎的人进行人情交换，越是有着发达人情网的人越容易与更多的人结交人情。在这种情况下，抱团现象就更容易形成。

这只是一个模拟模型得到的命题，有待收集资料加以证实或证伪。现在的社会网分析可以找出静态的小团体，但小团体内关系演进的过程以及固化的过程，仍有待网络动态学更多的研究。

（二）认同——社会心理解释

小团体产生了，这群人会产生认同感。寻找一面认同的大旗可以合理化这群人的内聚与排外，也会加强彼此之间的关系。

社会心理学对人们聚集在一起的原因有很多分析，然而最重要的原因有两个：认同和信任。认同能够基于很多因素而建立，比如阶级、宗教、地域、地位团队等。基于很多非先天存在的因素，也能建立认同。比如使用苹果电脑的人可能会因为品牌效应而存在认同，因为他们觉得自己比普通PC使用者更优越和高人一等。这些因素就是人为创造的。

布迪厄在《区隔》(*Distinction*, 1984) 一书中研究文化产业的消费时指出，教育、文化产业都是用来区别内外、产生认同的工具。品味（taste）其实来自一个复杂的社会过程，它包含对某些社会资源的专擅，对某些知识的垄断。一个人的气质、教育、生活形态在他/她的文化品味中表现出来，一群人也借着品味的不同标示出与另外一群人的不同。一个社会群体会透过社会化过程将其文化符号——品味——传达给成员，因此在不同群体争取社会资源甚至支配地位时，品味变成被高举的大旗，是成员相互认同的标志。靠着消费行为传达出来的信息，人们很快可以找到谁是"同志"，谁是"敌人"。品味也可以传递给下一代，成为阶级自我复制的工具。

另一个重要的心理因素是信任。库克（Karen Cook）研究了很多东欧在改革开放初期存在的地下经济现象后发现，信任是地下经济组织运作的重要条件。这些地下经济组织中，团体内部具有高度的信任感，一个人只有取得成员的资格才能获得团体其他成员的信任，才有可能从事交易。中国的商帮常常就是因此形成的。同时，团体会使用内部建立的一整套潜规则来对抗外面环境的压力。库克的研究表明，当只有在高度信任中才能从事一种经济活动时，如果这类经济活动非法，不受法律保护，其结果就是形成很多小团体。

认同与信任可能先于小团体而产生，比如温州商帮因地缘而产生，业界内可能有北大帮、清华帮，就是因学缘而产生。但也有小团体先形成了，再寻找认同的大旗，比如一个学派，一个企业愿景，一段创造出来的"神话"，一种意识形态等。

（三）治理机制的理性选择

小团体形成了，认同产生了，会使一群人的关系网密度高而长期存在，但只有产生集体行动的需求后，小团体才会是自组织。

2009年的诺贝尔经济学奖由威廉姆森和奥斯特罗姆两人共同获得。然而遗憾的是，却少有人能真正理解这两人共同获奖的原因。事实上，威廉姆森和奥斯特罗姆研究的都是治理理论，前者探讨的是治理的外在环境如何影响治理机制的选择，但他同时提出了网络也是一种治理机制，这印合了后者所提出的一种崭新的公共财治理方式——自我治理（self-governance），也就是我在本书中谈的自组织。

威廉姆森的交易成本理论认为，交易频率、资产专属性、环境暨行为不确定性会影响治理结构的选择。当交易频率高并且交易对象的资产专属性高，环境暨行为不确定性也高时，交易的不确定性大，此时交易成本太高，不适合市场治理，而采用层级制治理，将交易内化到组织内部，这样能够降低交易的风险和成本。反之，资产专属性低、交易频率低以及环境暨行为不确定性也低时，则采用市场的治理模式获取资源变得更为经济。在威廉姆森的分析中，网络治理方式（如战略联盟、外包等）首次被提出来，但它只是市场和层级的过渡形态，如图2所示，是一种居于中间的选择。

然而，鲍威尔则明确提出，网络不是层级和市场的中间形态或过渡形态，而是新的第三种治理模式。与层级或市场相比，它具有独特的治理机制、内部运行逻辑和规则。

格兰诺维特的镶嵌理论更指出，威廉姆森的分析忽略了一个重要因素，即人际信任。首先，员工之间的不信任和内

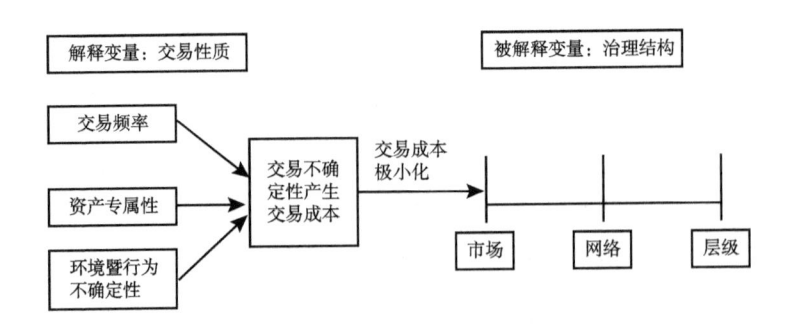

图2 交易成本学派治理机制选择示意图

斗实际上构成了管理成本的很大比重,市场交易双方的不信任则会增加很多交易成本。信任的存在可以大大降低组织内的管理成本,从而改变组织对治理结构的选择。我引申其意认为,当信任的供给充裕时,层级治理就未必是好的选择,而以信任为基础的自组织治理才是最小化交易成本的选择。

第二,在任何交易过程中,最小信任必不可少。即便再健全的制度,缺乏最低程度的人际信任,组织内或组织间交易都无法实现。我引申其意认为,层级治理中也需要引入自组织的治理原则,市场之中也需要引入自组织的原则,因为最小的人际信任必不可缺,所以平衡是必要的,任何治理机制走了极端都是无法运作的。

在前面这些研究的基础上,我提出了交易成本—镶嵌解释架构(此一解释架构的详细解说请参考作者的《中国人的信任游戏》一书),在威廉姆森交易成本理论模型中,增加了信任这个变量作为治理机制选择的前提条件。当不确定性高时，如果人际信任也高，那么治理结构的选择不必然是内化到组织中成为组织内交易，而可以采用自组织的方式，运用信任关系和协商机制来降低交易成本。

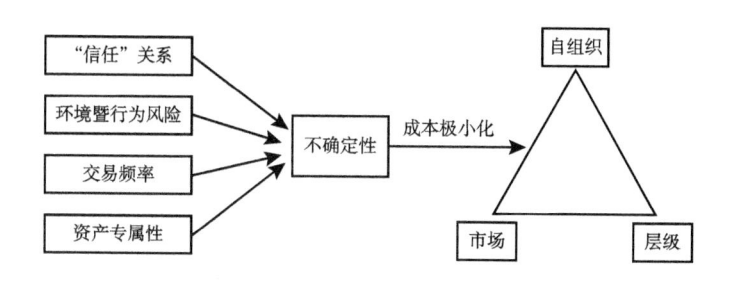

图 3　交易成本—镶嵌架构下之治理机制选择

奥斯特罗姆在对公共财提供的长期研究中发现了自组织的重要性。下面我想以她的具体案例来探讨自组织治理的选择。

案例 1：奥斯特罗姆的警察服务研究

奥斯特罗姆研究了大城市中警察局的运作。她发现，警察局提供的服务可以分为两种类型：一种是直接服务，如地区的巡逻、预防犯罪等。这种服务需要耗费大量人力，通常需要公民的协作配合，而其产出则往往难以衡量。因为上级要看的是低的犯罪率，所以"上有政策下有对策"的结果，就是警察"吃案"，也就是民众报案警察却不立案。另一种是间接服务，包括侦查刑案、相关的专业培训、犯罪实验室分析和调遣服务等。这种服务的性质更加专业，前期所需要的时间和资金投入更多。奥斯特罗姆通过研究验证了直接服务供应中的多中心理论：即当大城市将警察权力下放，使其不再是向上隶属的大机构，而变成许多小规模的组织，并受地区委员会管理时，警察局直接服务提供的效果变得更好。

这个现象能用交易成本—镶嵌理论很好地解释：第一，直接服务的行为不确定性高。直接服务主要由基层警察提供，由于其产出很难清楚衡量，上层很难了解实情，很容易出现警察"吃案"的现象。这种情况下，层级管理很难对警察服务的质量做出准确评估，而真正知道的只有消费者，即社区的居民。因此，需要用自组织的方式治理。

企业内的利润中心制度的原理也与之相似。当企业难以衡量其员工或团队的产出时，就让员工或团队直接组织自己的人马，直接面对市场并自负盈亏，此时消费者就是其绩效的最好评估者。当采用自组织的治理方式，将对警察的监管权下放到地区委员会时，居民就能够对警察服务的质量做出有效评估，因此能更有效地激励警察改善服务质量。

第二，警察服务地区资产专属性高。直接服务需要警察经常性地在街区巡逻和提供，因此需要警察熟知当地状况。隶属地区的小警察局能够很好地掌握自己所在片区的情况，从而更好地提供服务。

第三，警察服务的许多内容需要得到社区居民的配合才能开展，因此社区参与需求高。分散的小警察局有利于警察与当地居民的熟悉和建立信任关系，从而有利于工作开展。

由于上述三个原因，社区的警察机构更适合采用自组织的方式，让警察受社区监督。相反，如果采用层级治理方式，由上层机构监管，管理机构既无法掌握基层真实的情况，其命令又难以得到地方居民的配合。

基于这些理论的综合，我可以非常简单地说，当一种"产品"的供给与消费对双方的信任需求很强时，而信任的供给也充裕时，自组织成了最好的治理选择。简单归类一下，产品如果有下列特性，则需要双方的信任。

（1）行为不确定性高，很难用可观察到的评量工具收集绩效指标，尤其难以用统计数字说明绩效。

（2）产品是多区隔的，甚至是一对一的。这需要大量的沟通，亦容易造成信息阻滞或信息不对称，所以让相对独立的团队直接面对消费者，可以随机做出决策以满足多样化的需求。

（3）产品是感受性的，同样的，这既难用客观的统计数据评量绩效，又需要大量信息，适合相对独立的团队直接面对消费者。

（4）产品是合作性的。要供给及消费双方合作，产品才能产生效用，如教育、医疗、社区治安等，因为合作双方的信任感对合作的成果至关重要。

（5）环境高度不确定，需要弹性及随时应变，需要相对独立的团队可以随时做出决策。

（6）交易双方没有利益冲突，比如一些对赌的金融产品就会破坏信任。

（7）信息高度不对称，那些律师、会计师、知识产业研发人员，都具有差距很大的专业知识，消费者很难全懂，没有信任就很难产生交易。

以这样的理论，我们可以探索一个当下十分重要的话题，那就是高等教育改革。

案例2：为何中国高等教育界产生不了大师？

一个困扰国人很多年的问题是，中国为何出不了诺贝尔奖获得者？出不了大师？甚至我们的国家对研发投入不少，但专利申请数却极低，平均每人的专利申请数只有韩国的十分之一。在西南联大时代，尽管物质条件艰难，人们经常饥一顿、饱一顿，还要躲避战乱，但在文理各界都出了众多大师。而物质条件充裕的今天，人们却难以看到大师出现。这是为什么？一种戏谑的回答是："大师不是在填表就是在做生意。"所谓大师在填表，指的是学者沦为层级管理之下的员工，不得不在种种监督考核中受到束缚，填写各种表格。大师在做生意，指的是学者成了市场中的弄潮儿。

这个例子也很适合用刚才的模型来解释。知识界、医生、新闻等行业都适合采用自组织治理，这是因为：①其对人的考察评价时间极长，往往很难量化为短期的评价指标。②这个领域信息不对称，圈子外的人很难作出正确的评价。

③教育本身是合作性的产品。④研究与教育更该是一对一服务，这样才能出有价值的人才。⑤创新性研究高度的不确定，是对未知之境的探索。⑥市场治理之下，学者关心的都是应用研究，追求市场价值，而社会与自然科学的基础研究从得出结论到成熟应用常常需要十数年到数十年，导致创新性研究没有人做。⑦层级治理之下，为了考绩需要，高校只能以论文发表数量作为职称评定的标准。这造成种种恶果：滥竽充数的烂文章横行，期刊卖刊号、收版面费，产生论文发表的产业链，国内学者招待国外三流期刊编辑以求获得SSCI发表等，这带来学术伦理不张。

同样的，我们的医生伦理在利润挂帅下，媒体伦理在抢头条中，一样出了大问题。事实上，知识界最需要的，是改变治理模式，变成自组织管理。国外学界采取的都是同侪评议制度，即由本校或外校该领域知名的专家给出意见，来决定一个人是否具备资格升迁等。为什么？因为高等教育界的产品是创新性知识，信息高度不对称，不是同侪很难评价。而且行为不确定性也高，很难用统计数字加以衡量，所以不适合层级控管。其对研究生的培育旨在教导出创新性人才，需要双方合作才能有好的绩效，而且应该因材施教，属于一对一服务型。所以，创新知识要在一个信任的环境中才能孕育出来。

当然，这套自组织治理目前可能还不太适用于中国，在缺少学术伦理以及学者自组织的学术社群里，信任供给不足,更容易造成作假、搞关系、拉派系横行的现象。自组织最基本的前提条件是一套伦理和志愿者精神,它是信任供给的来源。自古以来擅长自组织的中国社会原本具备很好的基础,然而在近代的社会变迁和思想变革中,这些东西反而被忽略和破坏了。时至今日,我们应该重新看到学术伦理与志愿精神的价值,有了它们,高等教育改变成自组织治理,才是中国产生大师之道。

自组织治理的模式进入管理已有很多成功的模式。如前所述,西方管理学者杜鲁克首发其凡,提出"成本中心制度",之后自我导向团队与内部创业制度也跟着兴起,所以授权、给力(empowerment)、当责(accountability)这些概念跟着流行。

儒家文化区则因为自古以来自组织的传统,特别长于自组织,因而发展出很多好的模式,如日本经营之圣稻盛和夫的阿米巴式经营,中国香港利丰集团的"小约翰·韦恩"(约翰·韦恩是美国西部电影中的英雄,带着一个一个独立的篷车队到西部开疆拓土),以及中国台湾泛宏基集团创始人施振荣提出的"龙梦欲成真,群龙先无首"的管理理念。

中国自古以来无为而治的管理理想,就是要创造一个自组织治理的良好环境,如今在现代社会中已有了很多成功的"实验"。为什么中国文化特别适应自组织治理?成功的自组织治理又是如何做到的呢?

第三讲 / 关系管理

一 本土社会学观点

自组织有赖于信任的氛围，而建立信任氛围有赖于好的关系管理。社会上总有一种误解，以为关系管理就是搞关系。其实刚好相反，搞关系是对长期信任的严重破坏，是关系管理最忌讳的行为。

格兰诺维特指出，在三种治理结构之下都存在起码的最小信任，因此市场、层级和自组织之下都需要关系管理。然而，关系管理在自组织中最重要，这是因为自组织的行为逻辑就是互惠互信，整个气氛就是协商和寻求共识。倒过来说，中国之所以是最适合自组织的社会，恰恰是由于中国人擅长关系管理，很容易自然而然地就形成自组织的氛围。而这一切又是源于中国人家伦理的观念。

中国人的关系特质是什么？费孝通首先提出了"差序格局"的概念。他观察到，西方社会的人是像柴堆那样一群群捆绑在一起的，种族、职业、宗教等就是区分不同人并将相似的人捆绑在一起的纽带；同一群人内部有较大的相似性，彼此相互认同，并共同遵守规范。他称这种社会为"团体格局"。

然而，中国社会却很不相同。

中国社会中，每个人都像被投入水中的石子，以自己为中心自内而外形成一圈圈越来越淡的波纹，这种波纹就是强弱不同的关系。离自己越近的人，关系越强；离自己越远的人，关系越淡，一直远到相互不认识，也就是没有关系的陌生人。中国人的规范和伦理并非统一和普遍适用的，而是会因为远近，不同关系适用不同的道德标准。举例而言，偷窃是不好的，发现有人偷窃应该检举揭发。然而，如果发现是自己的家人有偷窃行为，孔子则说"父为子隐，子为父隐，直在其中"。这是说，说谎是不好的，但为了家人说谎以"隐"其罪，则是可以忍受的。由内而外，家伦理的要求会越来越淡，关系越核心则越适合家伦理本位。下面，我想用本土心理学理论来解释中国人关系的特点。

杨国枢的理论将中国人的关系自内而外划分为三种类型：最核心的是家人连带，中间是熟人连带，外面则是一层生人连带。不同的关系下适用不同的行为模式和冲突解决方式，并会产生不同的行为结果。台湾学者黄光国也将关系划分为三种：情感型关系，工具型关系，中间的为混合关系。中国社科院研究员杨宜音提出，上面两种划分实质上大同小异，因此下面我将两种划分方法联系在一起解释。

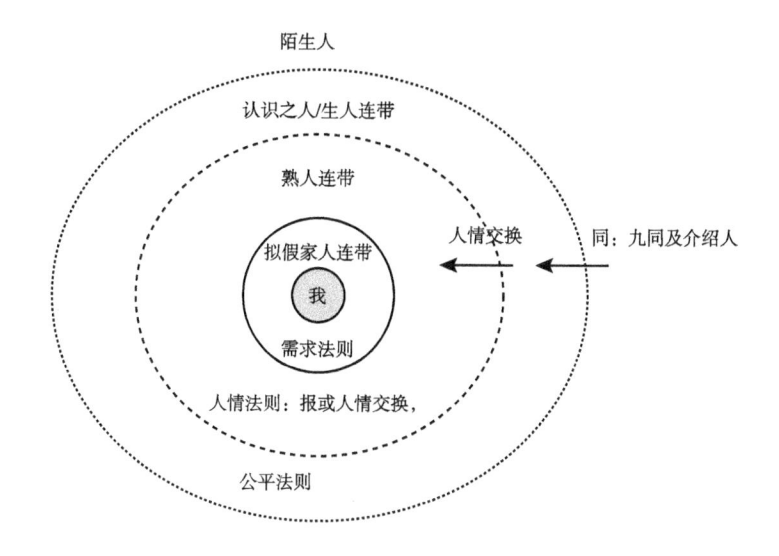

```
                    陌生人
            认识之人/生人连带
              熟人连带
           拟假家人连带    人情交换    同：九同及介绍人
              我         ←————
           需求法则
        人情法则：报或人情交换，
            公平法则
```

图 4　中国人差序格局关系网示意图

第一，家人连带。我有时喜欢用拟似家人连带这个概念，把姻亲、认养与结拜带来的最亲密关系也包括进来。这种关系适用的是需求法则。也就是说，拟似家人之间，你有的我应该也要有，我有什么需求你应该无条件满足我，而不能清楚地区分彼此，不能明码标价和讨价还价。举例而言，哥哥让弟弟开车送嫂子去机场，弟弟绝不能向哥哥索要车费，而应该无条件帮忙。拟似家人之间是一种"你有需求我就帮助你"的关系，简单地说，堪称一种集体主义法则。

中国人究竟是集体主义还是个人主义，这个问题有很多争论。西方往往认为中国人是集体主义的，国内也有不少学者和专家不明就里地赞同。然而，我们平时又老说中国是最自私的民族，那么中国人究竟是无私还是自私呢？梁启超曾经发动过一场泥与沙的论战，讨论国人究竟是一盘散沙，还是粘在一起彼此团结的泥。孙中山认为中国人是一盘散沙，鲁迅也认为中国人最自私，阿Q就是自私中国人的典型代表。然而，我认为答案并非这么简单。

事实上，中国人的行为模式有一个变化的过程：在拟似家人范围中，中国人是集体主义的，可以为了拟似家人无私奉献和付出。然而，超出拟似家人范围，中国人就变得越来越个人主义。套用许琅光的说法，中国人的行为具有"情境中心"特色。在一个情境中，你是我的圈内人，他是我的圈外人。而可能另外一个时候，随着关系更亲密的人出现，你就变成圈外人了。中国人行为的特色是，对圈内人是一种行为模式，对圈外人则是另一种行为模式，随着情境的不同而有变化。

第二，生人连带（应该是认识的普通朋友而不是陌生人，为了免于与陌生人混淆，我也称之为认识之人连带，英译 acquaintance tie），也就是"工具型关系"。这种关系适用的是公平法则，也就是可以明码标价、讨价还价和公平交易。这时候，中国人就变成百分之百的理性经济人。然而，中国人的一个重大特色在于，在拟似家人和认识之人连带之间，还存在一种重要的混合型关系，即熟人连带。

第三，熟人连带，也就是"混合型关系"。熟人连带的特点在于其适用的是人情法则，它是一种伪装在拟似家人连带表象之下的交换关系。熟人之间彼此是有情感互动的，然而称它为"伪装"，是因为它实际上最终还是公平交换，而并非如拟似家人连带一样可以按需索取、无需偿还。但是，虽然熟人连带最终是要公平交换，却又不能赤裸裸地交换，而一定要伪装在情感关系之下。比如，张三帮了李四一个大忙，李四感激涕零，反复对张三说"恩同再造"，"不知道怎么偿还"等。这时张三嘴上会说，"小事一桩，为朋友两肋插刀，面不改色，应该的、应该的"，然而李四心中也了解，这个恩情迟早是要还的，这就是人情账。

中国人的心中都有一本人情账。人情账的特色在于：第一，它不能清账；第二，它是高度互惠底下有高度的资产专属性，即针对对方需求提供特定服务。第三，人情账不能讨价还价，不能明码标价，不能说清楚。第四，人情账欠与还的范围无所不包，钱、权、知识、面子、声誉与情感支持都可以变成人情。人情账的存在就是一种"关系合约"（*guanxi* contract），是一种隐性合约，不必写成白纸黑字，也说不清楚要交换的标的，更没有适用的年限，总是越长越好。但双方心里都明白其中的权利与义务，谁都不会任意破坏这中间的默契。

尽管人情账看起来这么模糊，但人情账的双方却都有一个大致清楚的概念：双方各自得到了什么，应该还什么。当然，这需要有一个共同的价值评量标准，才能做好人情交换。否则，如果一方花费了很大的精力付出人情，对方却觉得是小菜一碟，那么前者就会觉得很受伤，甚至感觉遭到背叛，这样关系迟早会破裂。

二 关系管理：经营信任环境

（一）人脉的概念——自我中心信任网络

我对人脉的定义就是自我中心信任网络。为什么叫做"信任网络"？格兰诺维特在《镶嵌》这本书中说，资源交换和关系的中介变量就是信任，信任的多少决定了资源交换的方式。既然中国的关系中充满了交换行为，信任在其中就扮演了重要角色。因此，我将人脉定义为自我中心信任网络。那么，什么叫信任？这是一个很大的问题，可以讲很久。简而言之，信任可以分为两种：广义的信任和狭义的信任。格兰诺维特所说的是狭义的信任，而平时人们采用的多半是广义的信任概念。

广义的信任就是，你的行为我可以预测，我知道你的下一步行为。举例而言，作为教师，我让课上的助教去倒茶，她一定会乖乖地去做,并且一定会按照我的预期做好。这是因为我在课堂上拥有权力。格兰诺维特认为,这种关系并不是真正的信任,因为没有风险存在。威廉姆森则将这种关系称为算计信任(calculative trust)或威吓信任(deterrence trust)。这正是博弈论中采用的信任概念,即一方算准了博弈还未结束,为了能在后面的几轮博弈中获取更大的利益,对方会表现出合作的行为。在上面的例子中,假如课程结束了,助教和我之间的博弈关系结束,此时如果我没留下任何影响力,我再叫她去倒茶她未必会去做。威廉姆森很喜欢谈典当模型(hostage model)。Hostage的含义是典当,也叫做人质。以前的诸侯国在进行合作时,经常将自己的王子派到对方国家作为人质,以此来表示"我不会欺骗你,因为如果我欺骗你,就会遭受严重损失"。这种情况也不是真正的信任,因为它是以抵押物为前提的。

广义信任还有第二种情况,即保证关系(assurance)。举例而言,如果我想找人帮我去办公室取文件,但身边只有一个学生知道办公室的位置,那么即便我知道他笨手笨脚、能力很差,可能找不到文件,我也只能派他去。因为我没有别的选择。这就是保证关系,也叫committed relation:选择相信对方是因为没有别的选择。很多家族企业内部就有这样的情况。哥哥可能未必信任弟弟的能力,但由于家庭的压力,因此也只能让弟弟去做。所谓"打虎兄弟党,上阵父子兵",中国人的一个特点是往往到了一定的程度就只相信自己的亲人。

在格兰诺维特看来,保证关系也不是真正的信任。只有在有选择的状况下,承担一定程度的风险而做出选择,才是真实的信任。举例而言,我问在座学生有谁愿意去帮我取文件,几个学生同时举手,而我马上选择了其中一人,这就说明我信任他。

信任又可分成一般信任和特殊信任。不同的是,一般信任指涉的是没有特殊对象的信任,而特殊信任仅针对特殊的人。简单地说,一般信任就是对陌生人的信任,特殊信任就是对特定关系的信任。一般信任的产生基于一般法律和道德。也就是说,人们相信在法律和道德的规范下,对方会表现出特定的行为。世界银行对各国总体社会资本的研究显示,中国社会(包括台湾、香港)的总体一般信任在受测国家中排在中间位置上下。一般信任最高的是西欧和北欧几个国家。美国的一般信任并不太高,这是由于种族问题带来的不同种族之间的敌视和怀疑,以及高犯罪率带来的社会不稳定。一般信任最低的地区则包括伊拉克和非洲一些国家。

特殊信任,就是基于特定关系产生的信任。格兰诺维特所说的狭义的信任,也就是"真实信任"(real trust),或是威廉姆森所说的个人信任(personal trust)是一种特殊信任,而且不是基于权力关系或基于保证关系的信任。

对中国而言,不同关系其信任产生的基础也不相同。

（二）由陌生人到认识之人：信任的始建

拟似家人、认识之人和熟人，这三种关系其实是可以转换的，虽然转换的方式在各个时代并不相同。历史上，中国人的关系架构并没有改变，自组织、关系和网络始终是中国社会的重要特点，但由于差序格局的关系具有很大的开放性，各个时代关系的结构方式一直在变化。谁是圈内人，谁是圈外人，这是由关系的相对远近决定的。

而中国人的关系是可以进进出出的。典型的，如何将陌生人变成认识之人连带，工作过的人会有很多感受。吃饭喝酒应酬，最常见的两种原因一是熟人联络感情，二是为了认识新的人。中国人对陌生人没有信任感，将陌生人变成认识之人连带是建立信任的第一步。

在中国，认识认识之人靠的是九同和介绍人。中国人的关系是基于九同之上。所谓九同，包括同姓、同袍、同乡、同宗、同年、同侪、同行、同好等。对比西方可以发现，西方人彼此之间的认同多建立在一些原生并且难以改换的因素之上，如地域、宗教、地位、阶级、年龄、种族等；而中国人的认同基础，除了不能改变的如血缘、地缘之外，同年、同侪、同行、同好等，则是后天结缘而来。

根据目前跨文化认知心理学的研究，西方人的思维还是分类性的，而中国人是关联性的。宗教、地位、年龄、种族等，是分类的特点，中国人的关联性思维则会从血缘推到宗族，进而成为地缘，到了外地成了同乡，最后推到人缘，由家伦理为基础推及更多的人。因此，我们有"一表三千里"的说法。没有关系，可以"拉关系"，血缘、地缘固然是原生的，也是最强的关系来源，但业缘、学缘甚至人缘都可能被"关联"起来。

在拉关系的过程方面，我在九同之上还加上了第十同，即介绍人——共同认识的朋友，很多时候人们之间的关系往往靠中间介绍人来帮忙建立。中间人其实有两个重要的意涵，一是他是调解人，也就是当双方发生争执时，中间人因为双方熟识，大家信得过，可以出来"评评理"；第二是保人，双方争执如果破裂，中间人有时要以声誉担保一方的损失，为了避免自己的声誉损失，他只好向失信的一方的熟人圈表明不同流合污的立场，因此能达到以舆论制裁失信者的功能。

为什么吃饭应酬、结识认识之人的过程这么重要呢？这是因为从陌生人到认识之人的过程，会改变双方的行为规则。只有在经过朋友介绍认识以后，双方才会开始适用"公平法则"。很大程度上，中国人对待真正的陌生人是相当冷漠的。媒体不时报道的见义勇为事件，实际上恰恰说明了对陌生人的公益精神在我们社会的缺乏。"各人自扫门前雪"才是传统中国社会对陌生人的普遍态度。

举例而言，如果在公路上两车相撞，通常情况是双方司机会下车吵架，或者开始打电话找警察来做笔录和仲裁。然而，如果下车后两人发现自己都穿着同一学校的校服，那么情况就会很不同。此时双方不太可能会吵架，而更可能会"算了"，或给一点合理的补偿，因为"大家都在一起，低头不见抬头见"，最终会客客气气地和解了事。

这就是陌生人和认识之人之间的差异。当对方是认识之人时，适用的是公平法则，而对陌生人则未必如此，往往会有更多的怀疑和敌视。正因为如此，商场上的人很多时间都在拉关系、找人脉，这其实就是将陌生人变为认识之人的过程。也正因为如此，名片管理、记住认识的人和彼此之间的关系程度，对于职场上的人来说是非常重要的能力。

（三）信任建立与维持

哈丁（Hardin）的"互相为利信任"（trust account of encapsulated interest）理论解释了对认识之人信任产生的过程。他的理论前半部分的解释类似博弈论的逻辑。首先，互动的双方开展重复交易，在这个过程中双方可能展现可信赖行为。在这一阶段，信任可能是基于算计的，还够不上真实信任。然而，随着博弈次数的增加，比如双方重复交易了20次，双方的利益你中有我、我中有你时，长期的信任便能建立。当对方的行为一直是可信赖的，双方可能就会逐渐产生心理惰性，即开始相信对方不会欺骗自己，尽管这种判断可能并没有充分的证据。这时候真实信任就开始产生。信任在这里实际上是一种降低交易成本的工具。

那什么是可信赖行为呢？米歇（Mishra）指出，对人的信任基于双方的可信赖性，包括四个因素：即能力、诚实、一致和互惠。

所谓"能力"，是指一个人首先要具备完成某件事情的能力，不至于出现"心有余而力不足"的局面。

"诚实"是指对方不会有意隐瞒和欺骗。

"一致"是指一个人的态度和表现具有持续性及一致性，不至于朝三暮四、朝令夕改，也不至于前后不一、因人而异。

"互惠"则是中国人最在乎的一项内容。这包括很多具体内容，而最重要的则是彼此间的忠诚。事实上，中国人存在过度重视"互惠"这一因素的倾向，往往只要是一个小圈子内的人就会加以偏袒和维护，甚至达到"只问立场，不问是非"的地步。

那么，在关系管理中，上述四个因素究竟哪个更重要？事实上，信任理论中的第一法则就是，你无法经营信任，而只能经营自己的可信赖性。要建立良好的关系并获得信任，唯有努力改进自己，上述四个要素必须都要齐全，缺一不可。往往有的人认为通过一些权谋和手段就能够获得信任，但"天下人不都是傻瓜，天下多的是以为可以骗尽天下人的聪明人"。一个人的权谋也能够在一时蒙蔽他人，但时间一长却很难不被拆穿，因为它缺少公平一致与诚实的可信赖行为。

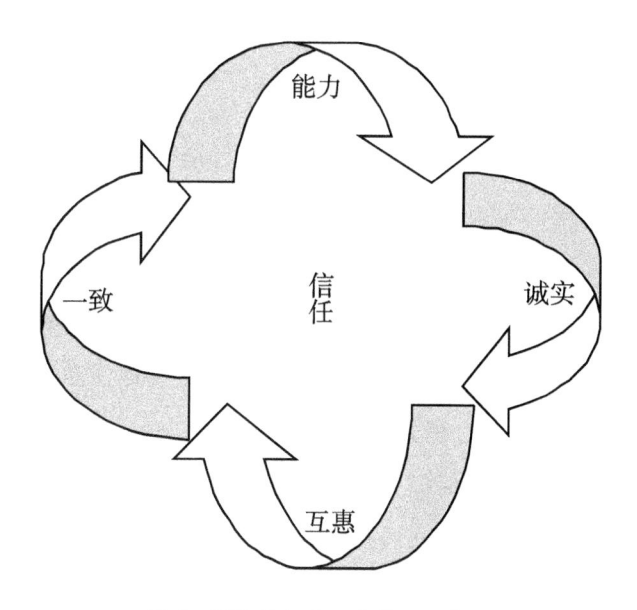

图5 可信赖行为四大构面示意图

第二，信任的建立是一个缓慢的过程，其崩解却非常迅速。网络结构的东西都有这样的特质。建信任就如同盖高楼，建立时是一砖一瓦盖上去的，但一次两次的欺骗说谎、背后插刀就如同抽砖。刚开始一两次不会有明显的反应，三次五次之后，信任感就会轰然倒塌。

最后，中国人的管理总是权力与信任交互运作的，信任为本，权力为辅。遗憾的是，现在很多管理者，总是过于重视权力和权谋，舍本逐末，却忽视了信任关系的建立。

（四）熟人、拟似家人的信任

对于一般认识之人的信任建立与维持，经营可信赖行为是不二法门，但在拟似家人与熟人中，因为有人情交换，情感因素被带了进来。

人情交换可以被视为一种形式的社会交换，却带有华人行为的特质，所以很难用社会交换的概念等同视之。它一方面如同社会交换，不能讨价还价，不能要求即时回报，甚至不能明说，好像符合不能要求回报的需求法则。但它又具有较有深度的社会交换，可以用社会交换理论说明其信任意涵——也就是双方必须相信对方的善意、有期待，而不要求即时回报，这样才能在长时间中有取有还。

另一方面，它是以长期资源交换为核心功能，所以符合了可信赖性理论。毕竟，一方未展现可信赖的行为，如未将人情记在"人情账"上，或在该还人情时不还，或能力不足总是还不了，则关系依旧会破裂。因此，可信赖行为的相互展现，正是建立人情法则下的信任的另一基础。

然而，其交换的标的常是专属性高的人情，如给面子、做面子行为；或符合个人兴趣并体现私密情谊的礼物，如对方极想要的一个收藏或一本书；或私人性质的帮忙，如帮忙搬家或借相当数额的钱等，所以它又具有情感性质。情感会带来非理性的信任感，可以使人忽视对方行为中的不可信赖性，而相信对方的善意是真实的。熟人中的"人情交换"固然还是理性的工具性交换，但日常的"情感行为"却会一而再、再而三地增强这种情感性信任。

如果是拟似家人，情况又有所不同。因为这群人范围小，而且原则上不能不理不睬，更难以断绝关系，所以其信任实际上是基于保证关系，而非格兰诺维特所说的真实信任。拟似家人共处于一个很小的团体内，彼此之间密切监督，又有很强的行为规范，之间必须别无选择，必须彼此信赖，尽可能采用同一套行为标准。因此，即便弟弟再怎么无能，做董事长的哥哥都可能不得不让弟弟在自己的公司上班，并给予他还不错的职位，尽管哥哥内心并不相信弟弟的能力。而弟弟也必须有所收敛，对哥哥有所让步。香港教授王绍光的研究说明，中国人最信任的还是家人，就是这个原因。事实上，拟似家人之间的保证关系正是中国自组织发达的重要原因之一。

库克（Karen Cook）和山岸（Yamagishi）曾经研究了日本社会并发现，日本人之间的信任适用的就是保证关系。由于日本国土面积狭小，历史上又盛行藩国制，在藩国制解体后，株式会社取而代之。日本人往往终其一生都在同一会社中工作，其行为受到强力监督。一旦有违规行为，他们就很可能无法再找到第二份工作。因此日本人在国内处于高度相互监督的状态，不得不表现出循规蹈矩、诚实守信的行为。然而，一旦出了国门，日本人往往开始很不守规则，恶形恶状毕现。这说明，日本人信任度高的表象实际上是基于小圈子内的保证关系，一旦离开了小圈子，他们就缺乏自我规范能力。

三　人情困境

经营可信赖行为要求公平一致,要求诚实公开,但在人情交换中,交换的标的往往要有特殊性,越因人而定的特殊待遇越能展现其人情交换的特别价值。如何在公平一致与人情交换之间取得平衡,成了中国这个"人情社会"里最常有的人情困境。

(一) 人情与均分的困境

翟学伟作为许琅光"情境中心"理论的信奉者,对黄光国的理论提出了一些质疑。翟学伟的中国人心理模型认为,中国的关系分类很难有清晰的边界,因此无法说什么边界内适用什么法则,其实际情况是不同的关系类别组成一个层层相因的光谱。既然是光谱,就有很多过渡色,不太能够清楚地区分边界。如果我们仍以三个类别加以分类,则会得到如图 6 示的结果。其中,几个最核心的概念构成中国人行为模式的根本。

第一个就是梁漱溟所说的家伦理本位,这是最核心的。因为中国人的差序格局关系网就是从家人连带层层外推,把亲疏远近的人逐次纳入"家人"范围。按照黄光国的说法就是需求法则。比如兄长开公司,弟弟要求去公司工作,那么不管弟弟再懒再笨,兄长也不得不找个闲差把他安插进

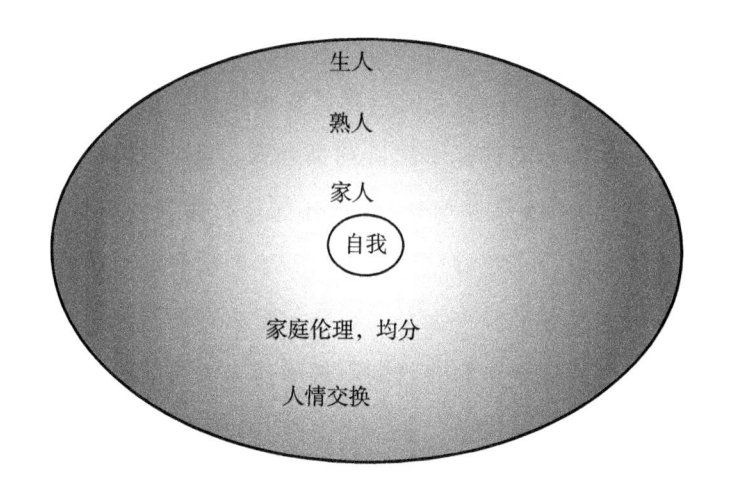

图 6　家伦理本位下的圈子现象

去。这就是需求法则，家人的需要或多或少要满足。在这个光谱中，家伦理本位的色彩越往外走则变得越淡。

翟学伟却以为实际上即便是真正的家人，按照伦理本位应该是父慈子孝、兄友弟恭，但这只是中国家伦理的理想，实际上并没有所谓真正的需求法则，否则也就不会有《红楼梦》这本书了。《红楼梦》所描写的大家族中的种种弊病和问题，正说明了即便是家人之间，背后仍可能有很多利益交换。只是随着关系由近至远，家伦理法则的应用越来越少。

另一个翟学伟以为的主导中国人的行为法则是均分。同一个圈子之中，"不患寡而患不均"，最重要的就是利益均分。西方人更在乎的是程序公平，也就是只要分配机制让大家觉得公平，最终分配结果多少没有关系。而中国人则更看重结果公平，组织中的领导或圈子内的能人应该"一碗水端平"，让成员感到利益均沾。如果一个群体中有人没分到，或者分少了，他就会觉得自己受到排挤，从而可能开始对这个群体离心离德。中国有句话叫做"雁过拔毛"、"见者有份"，说的就是"均分"，所有参与者都要分沾到好处。一个人吃独食，不把好处均分出去，不把功劳归于所有参与者，是中国领导的第一大忌。因此，组织中的领导或者圈子内的能人，一定要宣扬自己的不偏不倚、大公无私。

翟学伟进一步指出，黄光国所讲的需求法则的最大问题，是这一概念不能清晰地表明中国家庭成员关系的特点，会导致人们误以为，如果人们在家庭内部有个人的需求，就会从家庭中得到满足。而真实的情况是，中国家庭内部的需求法则受到分配方式的遏制，一个人有需求在平均分配的原则下会导致其他成员感觉不公平，结果会引发其他人也潜在地获得等量利益的需要，至少家长要暗示其他人这一利益的存在。比如大哥结婚需要房子，小弟还没有结婚，这时不能就只满足大哥，不考虑小弟，而是需要同时考虑。再比如企业中的领导在给一个亲信好处的时候不能忽视其他亲信，甚至要考虑其他"亲信圈子之外的人"的观感。

我在四川灾区曾看到过一件事。当时某公募单位拿800万的善款到一个县帮忙盖房，结果县长表示不愿意盖。其原因是800万资金只能供一两个村重建使用，而县长没法挑出享受优待的村。因为无论怎么挑选，其他没有分到善款的村就会开始闹事。因此，为了保持均分和公平，县长宁愿将这部分款用到别的公共建设上，也不能将其下发到村里以及村中个人的手上。

还有一个主导中国人行为的法则是人情，也就是我们上面讲到熟人连带时的人情交换。但是，均分法则和人情法则又是对立的。虽然领导在整个大的组织中要维持均分和公平的形象，但在自己的亲信小圈圈里，又必须奉行人情法则，即要根据关系亲疏远近的不同对亲信加以照顾。如果一个领导真的完全均分时，其亲信圈子中的人就会有不满和抱怨："我为你鞍前马后有多少功劳，为什么要和其他人均分？"这时候，领导往往会想办法给小圈子中的人多分一点，以示差别待遇。但如果太照顾自己的小圈圈，又会引起整个组织的不平之鸣。

均分和人情法则之间的矛盾，正是中国人喜欢搞权谋的原因。当两个原则平衡不好时，就只能沦为权谋。一个较好的解决之道是，领导在照顾亲信利益时，能够给出合理的理由以及一套大家能接受的分配标准。比如多分的原因是亲信业绩表现好，个人努力，与大家的关系相处良好等；但如果找不到合情合理的理由，就只好偷偷摸摸照顾亲信，于是就形成了权谋营私的温床。

在均分和人情原则间，中国人经常要在其中进行权衡。根据许琅光"情境中心"理论，中国人对圈子内外的标准是在变化的。中国人随时都在划分圈子内和圈子外，因此既不能总是使用均分法则，也不能总是使用人情法则。成功的

069

第三讲 关系管理

领导往往既让圈内人感到人情法则，又让圈外人感受到公平法则，动态地把这两个原则平衡得很好。

（二）人情与权力的交互运作

在"自己人"中一味地讲求人情，其实也是不可能的。这样的人是好人，但他却可能变成缺乏权威的乡愿，结果是众人不服。虽然人情交换是熟人间建立关系的重要基石，信任在关系管理中非常重要，然而不懂运用权力的人却无法做好管理。真正好的管理者，善于同时运用权力游戏和信任游戏，并善于在两者之间保持平衡。

权力游戏和信任游戏的平衡不仅在历史上的君王身上可以看到，在现实的企业中也是屡见不鲜。我在访谈一家光驱世界级大厂的外包商时，曾有这样一个例子。一次这个外包商获得了这个大厂的一个大单。老板开始很高兴，喝得醉醺醺回来，炫耀自己与大厂经理们的关系有多好。然而，突然他冷静下来，如大梦初醒一般，赶紧打电话安排再出去拉单。我很奇怪，问他为何获得了大单还要再出去跑。他解释说，获得大订单当然好，只是这样该公司的订单量在他们公司的销售总量中占的比重就超过了50%，权力会失衡。权力一旦失衡，今天的信任感就不复存在。因为，权力和信任是会相互影响的，门当户对会比较有信任感。因此，他必须尽快再找到一些其他的订单，以把该国际大公司所占的比例拉回40%。论私交，这个老板与该厂几任的大中华区总裁都私交不错；论工艺，他们和该公司合作多年，并有联合研发。但即使公谊私交关系都铁到这种程度，权力的算计还是随时存留在脑中。一旦权力高度失衡，你就再也不会重视我了。双方彼此都很清楚这一点。

从这个案例可以看到，中国人固然重视人情交换以建立长期稳固的交换关系，也会在这类关系中以人情交换维持很强的信任。但人情交换的背后却有着权力的阴影。权力相当时，较易有人情交换；权力失衡时，权力大的一方容易以权力而不以交换取得资源。

当然，即使权力不均衡，中国人也懂得留个人情的道理。如果总以权力压迫对手，很快地，熟人连带就会破裂。所以何时用权力，何时留人情，是另一个中国人时时需要平衡的问题。

（三）关系管理的境界

平衡这些人情的做法，使得不同的人关系管理有高下之别。

一提到关系，西方人常常会有误解，以为关系就等于贿赂和腐败。但事实上，拉关系只是关系管理的最低境界，因为这是短线行为，它破坏了诚实公开与公平一致的原则，是对信任的破坏。而且短期谁对我有益，我就把大量资源送给谁，其他人也很难期待长期的互惠与忠诚，对长期的信任建立有害无益。

较高一级的境界是能将各方面的利益都安排妥当，我们常用一个词"摆平"。让相关各方均有得利，看起来符合中国人对均分的期待；取得共识而下决策，也满足了大家对互惠忠诚的期待。但在摆平过程中，常常要对可能让步的一方，权谋地承诺他未来的利益以取得今天的让步。挖东墙补西墙的行为多了，难免会失了公平。而且私下承诺多了，也有损诚实公开。这是很困难的操作，很容易就失去平衡。最糟糕的是，挖东墙有时挖出一个大窟窿，再也填不回去，造成关系的破裂。

再高一级的境界则是建立起长期的人情交换。中国人常说"广结善缘"，就是希望能广泛建立这种长期熟人连带。另外，中国人特别强调施恩与报恩，聪明的人会在对方尚未发迹之时就建立起长期关系和信任。小说《羊的门》就在描写一个能人在"文化大革命"时救了中央领导，等到领导复出后，这段关系就成了他日后经营企业最重要的资本。这样"施恩不望报"地慢慢埋人账，使得短期的资源均分不至于和人情交换发生冲突，因为其人情交换都是长期的。

更高一级的境界则是双方拥有共同的价值和目标，设计出双赢的战略。这时长期关系的营建主要是基于共同的理念，人情交换辅之，共同创造出更大的饼，双赢之下容易保持互惠忠诚。大家有了共同价值观，对分配原则有一致的看法，容易维持公平一致与诚实公开的原则。

中国人的最高境界是"大象无形，大音希声"。最高境界的关系管理是不经营关系,是我无为而关系自来。当一个人常年执着于一件事,常年让人感到可信赖,一直坚持自己的价值和建立良好的声誉系统,这个时候,不用特意去建立关系,很多关系自然而然就会找上他。他无需特意去经营人脉,自然就会得到很多信任和贵人相助。

所以说,把关系理解为搞关系,是近年来中国人最大的误解,也造成外国人以为中国人的关系就是腐败与特权。搞关系恰恰是由于一些人平时未能做好关系管理,不得已"临时抱佛脚"才出现的短线行为。

关系管理的真义是营造信任与和谐的环境,这有赖于可信赖行为的经营、长期的情感建立与人情交换、关系合约的缔结与维持、在人情困境中守住公平的底线、基于社会的一般道德标准建立小圈子内的良好规范,以及基于规范形成小圈子内舆论监督的环境。

很不幸的,我们今天在错误地使用关系,结果带来很多"关系社会"、"人情社会"的负面结果,因此产生一些因噎废食的主张。第一类的主张以为制度可以取代道德,中国传统智慧是"徒法不足以自行",道德没了,法制也没了。法当然很重要。我们的社会在转型,一定有很多法所规范不足的地方需要更多的法治建设。但徒法不足以自行,少了伦理规范支持,法是无法运作的。我们总是高喊法治社会,但西方法治社会却是建立在伦理之上的。西方法学大师博曼就以为西方法制是建立在基督教的道德之上,而我们却不太思考，法治建设要有什么样的伦理建设？

第二类主张去关系化、非人格化的管理。其实20世纪30年代以来，就有很多组织理论大师不断地在证明韦伯的科层制度原则中"非人格化、去关系化"只是一个梦，在现实中是不可能存在的，我们如何能把一个不能存在于现实中的梦当作管理的万应灵丹呢？

韦伯遭到最多的其他组织理论的批判就是，层级控制固然有效，但一定有一群人，就是决策者，他们的工作内涵是无法用流程、规章、制度加以限制的。因为工作内容的变动性与高度不确定性，他们在制度之外有相当的自由度，而且负责控制整个流程系统与命令系统。层级控制越成功，权力就越向上集中。权力集中造成的后果一是腐败滥权，一是权力总是有自我扩张的倾向，所以权力会越来越大。去人格化与去关系化，正好使员工变成原子化的个人，赤裸裸地暴露在组织暴力控制之下，使得权力更集中，更扩大，最后是这种系统的不可持续。

第三类主张是用新道德取代旧道德，主要是一些经济学者。他们认为，新道德是市场上的守约道德，旧道德是熟人间的道德。殊不知，人类最主要的关系是情感性的关系而不是工具性的关系，所有道德，孔曰仁孟曰义耶稣讲博爱，主要都在规范情感性关系，较少涉及工具性关系，而买卖关系更只是人类关系中的一小部分。难道我们希望有一天人与人之间，没有友谊、没有情感，不讲伦理，连婚姻都是买卖关系？

我们今天社会真正的问题是贪婪与急功近利，美国也面临同样的道德崩坏，其表现一定会是玩法违规，所以一连出现安然案、安达信（美国最大会计师事务所）造假案，和华尔街肥猫们设计有毒资产并引发金融海啸。而中国人的贪婪与急功近利一定表现在使用关系之上，这使得人们走短线、搞关系，带来社会乱象。但在美国，这不是法治的错，在中国也不是关系的错，而都是短线行为、贪婪纵欲、好大喜功又短视近利的错。

第四讲／礼法并治

由于中国组织大部分是上层级下网络的结构，如何在层级和自组织之间平衡就成为中国管理研究中一个最有趣的议题。中国组织的控制机制往往擅长于一手权力一手信任的游戏，权力最好不是人治的滥权，要靠法来实现，信任则要靠礼来建立，也就是用礼法并治的方式来维持组织中的平衡。所谓"礼"，指的就是自组织中的一套规范，因为信任关系的建立需要依靠礼，也就是要依靠一套共同价值观和非正式规范来取得。"法"是指一套正式的和成文的规则。

我们总说自己是"人治"社会，这是完全的误解。人治之说是因为西方经常把法治与人治对立起来。这一点在美国的立国精神《基本要义》（The Great Essentials）中表现得很明显。其要义包括四点，一是不管政府的权力来自何方，它都可以被其治下的人民收回；二是自由与独立的国家之所以存在是为了保障其人民的福祉；三是政府所赖者是成文的宪法，而不是人类领袖的个人权柄；四是权力必须分散于国家、州与地方政府，并加以平衡。其中第三条就明确地将国家建基在法治之上还是人治之上对立起来谈。我们不是法治社会，所以就被认为是人治了。

究其实，费孝通说，中国人是礼治秩序的。

一　本土社会学的启示

费孝通在《乡土中国》一书中就用了下面一个故事来说明中国人的礼治传统。

一个父亲上了年纪抽大烟，长子反对，次子却游手好闲，也抽大烟，就怂恿父亲抽，自己也好分一点。长子无法教训父亲，就痛打弟弟。弟弟赖给父亲，长子一时火起就连父亲也骂了。这事闹起来就闹到乡上，由乡绅出面调解。所谓调解并不是法律意义上的和解，所以也不是弟弟被打要赔偿，或哥哥不堪经济负担要分家这类事，而只是评评理。结果乡绅照例先说这是全村丑事，把人伦道理说教了一番，最后判定小儿子是败类，该赶出村去；大儿子不孝顺，该罚，罚他摆几桌酒席宴请乡亲，以示认错。老父亲教子无方又抽大烟，再教训一场。这样，大家认罚回家。费孝通因为是读书人，虽是下乡调研的外人，但被认为知书达理，所以也被邀来帮忙评理。结束后，这位乡绅向费孝通抱怨，直摇头说，世风日下呀，人心不古。

法治说的是"人依法而治"，也就是人与人的关系与互动由法条加以规范。但中国人的无讼传统却很少希望这些事告到县官那里依照法律裁决，而是由乡中长老与贤人"评理"。法律强调的是权利的维护，但这故事中却不是哥哥因为花了大钱想要追诉财产损失，或是爸爸被骂要追诉名誉受损。相反的，乡绅评理强调的是风俗败坏了，所以开头就是一番伦理说教，最后对老父亲的"惩罚"是一阵说教要感化当事人，而对哥哥的"罚则"则是认错、道歉。

以伦理、风俗来规范人与人的关系与互动，就是礼治秩序，礼治就是"人依礼而治"。

人治之说费孝通就觉得不妥，好像人与人间的关系及互动听领导一句话就能够规范。究其实，中国的领导人很少是以个人魅力就能统治的魅力型领袖，也不多是依靠横暴权力就能统治的"暴君"，而更多是强调教化权的长老。在礼治秩序的社会中，统治的合法性较少来自横暴权力或同意权力，而更多来自教化权力。因为礼既是非正式、不成文的规范，更有赖于人的自觉与自律以维持秩序，如何将这些规范教化入人心，就是头等大事。所以长老统治最重要的意义就是教化，将一套规范深植人心，从而塑造良好的舆论环境。

二 法、礼之间

（一）法尚简约

中国领导者往往擅长黑白脸：组织中常常有一人扮演"严父"的黑脸角色，严厉地执行各种规章制度；另一人则扮演"慈母"角色，用温和教化的方式感化和劝诫员工。通常情况下，往往是公司的大老板（或者说"一把手"）扮演"慈母"角色，显得公司很有人情味，充满慈爱和关怀，而"二把手"则扮演执法者，监督检查不合格之处，并施加惩罚。在员工被"二把手"的"苛政"逼迫得痛哭流涕之时，大老板再来好言劝慰，从而使员工心生感恩，更加愿意投入地工作。然而，这样一种安排也存在风险。由大老板施恩德，二老板施惩戒，可能出现二老板架空大老板的情况：员工都知道大老板是老好人，二老板才真正掌握生杀大权，渐渐地组织中的权力事实上就掌握在二老板的手中。所以说，最好的方法是，由"法"扮演坏人，一切惩罚事先规定好。

中国聪明的领导实际上是很懂得守法和用法的。要守法，首先就要做到上下一致，老板首先要带头守法，这样法才会有尊严。为何要善用法？因为依据法来执行奖惩，公平一致，最后大家都会心服口服。事实上，中国历史上并非没有法治，只是法不是经由民主共识产生的。在政令清明的时代，君主并非能够为所欲为，他的政令需要得到小圈子内班底成员的赞同，需要庭议、审查。唐太宗时期，谏臣魏征甚至可以公然将唐太宗的命令退回再审。所以，中国好的领导懂得守法和用法。

但是，中国组织系统的设计一直是强调法尚简约的。法要简单明确，才能够切实执行，并且领导要以身作则地执行。然而，现在中国却有一个趋势：法变得越来越多，越来越繁杂。过于冗繁的法律，往往无法真正实施，到了最后就只能发挥两个作用。第一是政府做表态用，第二是为某些政客找碴用。如果有太多的法律法条，规定过严过死，会造成几乎人人犯法。统治者会抓住官员的一大堆"历史遗留问题"，以此为把柄要挟，结果反而造成小人横行，君子处处受制，惟有擅长抱大腿、拉关系的没事。费孝通也曾经说过，中国社会一旦法太严，就会造成小人横行。

中国历史上有一种末世现象，往往越是到了末世法越严，而盛世则法很轻，但定了就能够严格执行。文景之治时期，皇子犯法与庶民同罪，从而举国上下政治清明、秩序井然。一旦法条繁杂苛刻，人人动则犯法，这种情况下就只能使得善于钻营取巧的小人得志，人人愿做小人。

东汉末年，董卓任命的司隶校尉（相当于首都卫戍总司令）刘嚣有感于社会道德沦丧，教化不行，就调查官员平民中凡儿女不孝敬父母的、臣属不忠心长官的、弟妹冒犯兄长的，一律诛杀，财产没收，结果引起广大骚动。很多人乘机陷害，相互诬告，导致冤狱满城，长安成了恐怖世界。路上熟人相遇只敢互望一眼，也不敢交谈一句，留下"道路以目"的典故。孝悌忠信是中国社会"礼"的根源，却不可能以法推行。一定要把不忠不孝之人绳之以法的话，这法就成了"苛政"、"恶法"，无法执行，却会带来人民相互陷害，相互告发，结果是大家相互猜疑，社会信任全失。

好的法本身是很简单的，但上下都能严格遵守，同时在法条规定之外有一个弹性空间。清朝县官的匾额写的并非"明镜高悬"，而是另外六个字："天理人情国法。"先天理，再人情，后国法，可见法外还要为天理和人情留出一定的空间。这个空间就需要用礼来约束。

（二）礼治秩序

既然有一群人是自组织的，就要谈感情，谈信任，就必须靠礼来控制：知恩、图报、讲义气、公平正直、仁人为怀。什么事情能做，什么事情不能做，这必须有一套规范。而这套规范就要靠礼来产生。

如之前所述，自组织产生的过程可以归纳为这样六个阶段。首先是社会网的联结。第二是小圈子产生。第三是成员开始对其小圈子的身份有了认同感。第四是产生团体目标，并开始有了集体行动。而最后一项也是最重要的，就是在开展集体行动的过程中，出于自我管理的需要，团体规则逐渐形成，也就是自组织中的"礼治秩序"。小团体内部还会进而演化出集体监督的机制，以对违背团体规则的个人实施惩罚。简言之，自组织的产生基于一套治理机制。

礼治，或者说通过自组织实现的治理，其内部有一套很不同的行为逻辑。自组织内部的治理是建立在道德基础之上的。由于自组织成员能在小范围中相互认识，因此成员之间可以相互监督；某人一旦违规，马上就会受到其他成员的舆论谴责和道德压力，甚至有被驱逐出团体的风险。这些惩罚措施能够强有效地约束成员的行为。同时，由于监督是由团体中所有其他成员共同执行的，因而成本很低，并且由于小团体内大家知根知底，不会有信息不对称的情况，所以效果很强大。因此，礼治能够低成本地实现自组织内的秩序。

传统中国社会的村落中是没有警察等负责治安的专门机构的，但大部分村落都能维持平安无事、长治久安，一个重要原因是传统村落中存在悠久的礼治传统。从村落长老以下，每个村民都在不知不觉中承担着传统秩序维护者的职责，随时监督并报告违规行为，因此不需要专门的执法者就能形成强大的监督力量。

近年来，经常可以听到经济学家倡导市场道德。然而，这其中部分的观点实际上会误导社会。不同的治理方式有不同的治理机制和逻辑。市场规则的前提是"经济人"假设，它预设人们都是理性算计和彼此竞争的，其氛围是自由选择的。因此，市场结构中最主要的治理机制是信息传播、价格机制以及合约。当然，道德因素在其中也会发挥作用，对市场治理而言，最重要的道德基础就是守法和守合约。然而，各个社会主要的道德规范都是在谈人与人的关系，这种道德规范是人际信任与和谐关系的基石，是市场规范无法替代的。因为人与人的关系不都是买卖关系、合约关系，甚至说主要都不是买卖关系。

不幸的是，一方面，一些民众甚至学者在谈及现代社会的道德时，往往不是强调市场道德或以制度取代道德，就是"泛道德化"，唱"道德高调"。这个倾向在2008年汶川大地震后的捐款中体现得十分明显。事实上，任何人都没有捐款的天然义务，善心靠的是自律与自觉。而网友通过舆论迫使企业承担起这个职责，企业又要员工"不乐之捐"，结局往往是适得其反，得到的只是钱，而无法激发善心。道德只能是自发的，是逼不出来的。以舆论"逼"出的道德，和东汉末年的刘器用法"逼"出的道德一样，都是作秀而不是真的。

所以在我看来，存在两种不同的道德：低标道德和高标道德。低标道德实际上是一种社群伦理，也就是"礼"，指的是一个行动者在社会中和组织中需要履行的最低限度的责任。低标道德是可以监督的，是能够通过小范围成员彼此之间的相互监督实现的。

高标道德指的就是如雷锋、特雷莎修女、史怀哲医生或证严法师等道德楷模所具有的那种道德。那种舍己为人、无私奉献的境界固然值得向往，值得我们每个人学习，但它可用来自律却不可用来强行要求别人。否则，就很容易造成刘器式的扩大打击，人人相互告发，大家"阳奉阴违"、"挂羊头卖狗肉"等虚伪道德现象，反而带来道德的大滑坡。在我看来，震后重建过程中，一些企业打着慈善之名行公关之实，就是社会错误用舆论要求高标道德的恶果。

事实上，即使在现代社会，真正有效的道德监督往往是靠圈内人实现的。不管大到医生、学者还是其他专业人士的职业社群或行业社群，小到乡村社区、城市小区或兴趣团体、网上团体，他们的行为是否违背了低标道德，是否背离了职业所应具备的基本伦理和规范，应该由其行业内人士来评价，而不应交由公众无原则的谩骂。但遗憾的是，中国目前的一个情况恰恰是圈内监督不完善，内部"官官相护"，"潜规则"盛行。作为"群众喉舌"、"无冕之王"的媒体，原本应该担任揭发和舆论监督的重任，但却缺乏有效的内部伦理和监督，假记者、假新闻事件频发。这造成社会整体缺乏信任的氛围。我们处于一个缺乏真相的社会，捕风捉影的网民可能随便瞎传各种流言和猜测，而真正了解事实的圈内人的声音反而被淹没了。

低标道德的建立与监督有赖高标道德的深入人心，自组织再依据大家的道德共识与特殊风俗制定出自己的"礼"。可以舆论监督的是这种圈子内的"礼"。我们的社会急需呼吁高标道德，以营造良好的环境，更需要培养自组织的能力，以落实舆论监督，但不能用公众舆论去求得这种高标道德。

三 礼法并治：案例

好的中国管理是礼法并治的，企业管理者常常会发现，正式组织赋予的权力不能不用，只有恩没有威是控制不住人的；但也不能完全用，否则就得不到人心和下面人的支持。如何用？

（一）外包交易中的礼法并治

下面我想以我曾在高科技厂商中研究外包交易治理的过程来说明中国企业礼法并治的实况。外包治理过程可以分为以下六个流程。

（1）搜寻厂家。

（2）签订采购合同。

（3）讨价还价（定价）。

（4）产品检查和收货。

（5）供应品管理和生产管理（如赶单、插单等）。

（6）评价。

对于使用外包的生产商而言，最大的不确定性来自两个方面：第一是产品品质不稳定。如果外包商提供的产品品质有缺陷，最后就会影响到整个产品的质量。第二是供应不稳定。高科技制造业的生产往往采用实时的管理方式，即本身没有库存或库存很少，依靠需多少供多少的规则来进行流水线生产。外包商发送过来的零配件一送到就要马上送到车间进行生产。因此，如果外包商的供应不稳定，延误了日期，就会导致生产断线。对于流水线方式作业的工厂来说，这意味着极大的损失。

在这些过程中，除了通过正式机制提升效率、降低风险之外（如：供应链管理软件等），高科技厂商还会充分使用"权力"和"人情"这两种手段来礼法并治。首先，为什么会有法的现象？实际上生产商和外包商之间的权力是不均衡的。对于那些规模较小，需要依赖生产商的订单才能生存的外包商而言，生产商往往会用自己公司内部的标准和规则去要求对方；而对于权力较大、生产关键零组件的外包商（如生产芯片的 Intel 公司），生产商就只能反过来受对方规则制约。权力位阶的差距使得生产商能够用"法"来强制性要求外包商。然而，另一方面，生产商也不能一味采取权力压迫的手段。

高科技制造业中，国外企业之所以打不过我们是由于这个行业的固有特性。高科技制造业的商业周期很短，变化很快。如果上一期采购了过多的零件，多余的零件可能在下一周期就没用了，因为产品更新换代得很快，设计和外观都时时在变化。此外，商品的需求量变化也很大，容易一会儿过剩，一会儿又出现不足。这种情况下，灵活快速的反应就显得至关重要。对于生产商而言，好的采购员有两个标准：第一，在旺季也能保证拿到零配件供应，保证不断线；第二，在淡季能压价，以更低廉的价格拿到货。这两个标准中，前者又显得格外重要。因此，好的采购员在淡季压价的过程中会注意留出人情空间，以保证旺季能够赶单和插单。

以第三及第五阶段为例，由于高科技制造业中产品往往一上市就要开始降价，零配件的价格也要随时调整，通常行规是两或三个月就要调价一次。在这个过程中，采购员往往会故意适当照顾外包商。比如采取拖延的方式：月初开始协商降价，两个月后才最终调低价格，使得外包商得以赚取两个月较多的利润。在这种时候，采购员就会故意在外包商面前诉苦，并让其记住自己的人情。而当旺季来临时，外包商可能在工厂已经满负荷运转的情况下，召集工人连夜加班以满足采购员需求（赶单）。或者是优先替之前欠下人情的生产商供货，将其订单排在已经接下的单子之前（插单）。而那些在淡季价格谈判中过于不留情面的采购员，在旺季就可能遭到外包商报复，无法优先获得供货，从而使得工厂陷入断线危险。无法拿到供货的采购员就会被认为不合格，从而被开除。正因为旺季赶单、插单的需求，生产商平时要注意多留情面，在用"法"的同时也要用"礼"。滥用权力、少用人情的厂商，被外包商称为"强盗"，往往会被外包商故意断线。

礼法并治的特点也体现在第四阶段验货过程中。验货过程中通常会有一个行业公认的默许出错概率，如果出错高于这个概率，则这批货就会被视为不合格。而在外包治理的过程中，生产商往往会采取较为温和的做法。当验出来出错概率过高时，生产商会允许外包商把货拿回工厂，采用外包商内部的标准重新检验，以防止由于双方检验过程中仪器差异带来的误差。如果还不合格，才会退货。即便退货的情况真的三番五次出现，如果双方合作时间较长，交情较好，生产商此时也未必会马上做出更换外包商的决定，而可能会派出双方工程师会谈，以合作解决问题。甚至一方老板可能直接派人去辅导另一方，以使其达到标准。这样，一方面高科技制造业中有一定的业界规范，但另一方面也充满人情规范和善意。这种做法保证了生产商和外包商之间较强的合作与信任关系，弹性和速度也由此产生。

（二）内部创业的礼法并治——欧莱雅与利丰

再以两家企业的内部管理制度来说明现代企业如何善用礼治与法治。

法国企业欧莱雅的内部创业制度就与中国管理特点有许多相似性。欧莱雅深谙对于员工来说，最强的激励是承包，因此建立了一整套的内部创业制度，鼓励员工创新和内部创业。为此，欧莱雅先是在全球范围开展创业大赛，"寻找挑战者"，到处征募人才。进而，欧莱雅为员工提供了很好的培训，在提升员工能力的同时，使得员工和公司之间建立起高度信任与认同。同时，欧莱雅也高度重视文化建设。正是充分的培训和文化建设，使得勇于挑战的员工建立的自组织仍然符合公司整体的发展方向，而不至于脱缰而去。其中，最重要的是师徒制，小挑战者都由师父手把手地教导，这是文化传承最有效的方法。

事实上，今天很多的承包、挂靠等，都是由于缺少前期信任建立的过程，结果造成控制不力，形成"一放就乱"的局面。欧莱雅则采取了先建立一整套公司跟员工之间高度信任关系的文化，然后才敢将员工放出去成为自组织的挑战者。这种方式使得公司充满了创新和活力。

第二个案例是企业内自组织的正式治理。利丰集团是香港历史最悠久的出口贸易商号之一，也采取类似自组织的管理之道。其内部的"小约翰·韦恩"制度类似于欧莱雅的挑战者制度，很好地诠释了自组织管理中礼法并治的特点。"约翰·韦恩"是美国传统西部片中，在偏僻地区抵御外侮攻击的牛仔。利丰集团中的小约翰·韦恩制度，实际上是鼓励员工自组织。各个单位的领导者好比"小约翰·韦恩"，一手拿着手提电脑与PDA，一手挥舞着刀剑，在新的事业体里寻找商机。一方面，利丰赋予了"小约翰·韦恩"们充分的自由和自主权，并派出支持他们的棚车队，即为其提供后勤部门与中继部门的支援，支援会计核算、人力资源调配以及信息系统建设。然而，另一方面，利丰又采取了一系列正式治理机制来对其进行控制，以防止"小约翰·韦恩"

们出走、隐瞒收入或滥用品牌名义等风险。这些措施主要包括以下三个方面：①严格的财务流程。②现金流集中管理。③建立公司的资料库，从而使得"小约翰·韦恩"需要依赖总部才能获得充足的信息支持。这种做法，一方面是给予自组织充分的自由和尊重，另一方面又仍保持对其控制。正是依靠两者结合的管理，利丰的"小约翰·韦恩"制度获得了极大的成功。

四 恩、威、德并济的家长式领导

中国管理的特点是礼法并治，因而好的中国领导一定是知道恩、威、德并济的家长式领导。恩威并济，实际上就是俗称的"黑白脸"艺术。好的领导，懂得组织中既需要唱黑脸，也需要唱白脸，懂得掌握权力游戏和信任游戏之间的平衡。一方面，好领导的"威"建立在严格执法的基础上。在必要的时候，领导要懂得坚持"公事公办"，这就表示法外没有人情。这种对规则的严格遵守自然而然会建立其在组织中的威信，而且由于公平一致，会使得员工心服口服。相反，今天很多领导错误理解了"威"的内涵，以为这就是颐指气使、滥用权威。事实上，滥用权力不仅无法真正建立领导的威信，反而会使员工貌恭而心不服，会招致员工的反感和抵制。

另一方面，好的领导又是礼治的，执法避免滥权，在平时更要重视施恩；通过平时给人情，从而使得员工感戴，更加心甘情愿地为之"抬轿"。事实上，恩威并济的领导艺术在西方也很常见，只不过中国领导的"恩"具有更多的人情交换特征。

然而，最能体现中国特点的是"德行领导"。当然，正如前面说到的，道德有"高标"和"低标"的区别，这里的德行领导并不是要求领导成仁成圣，弘扬高标道德。德行领导，首先意味着领导要以身作则，身体力行地遵行组织中的规则和文化，也就是低标道德的礼。换言之，领导想要在组织中建立怎样的规则和文化，自己就要率先做出相应的表率。这有些类似于西方管理学所说的"文化领导"、"价值领导"。

费孝通曾经说过，中国社会中领导拥有的一种重要权力就是教化权。中国社会一个传统就是"长老统治"。长老断案，重要的并非凭借自己的明智判决能力判定利益归属，而是凭借自己德高望重的地位，为民众做出道德表率。拥有教化权的领导，其地位类似于英国的女王和一些国家的虚位总统，他们自身并不需要做太多事情，而是高高在上，作为德行表率和教化权的来源。

然而，在这种"无为而治"领导之前需要很多作为，领导首先要学会修身和自我约束，使得自己能够代表和象征组织中的文化、规范、愿景和价值。这种表率往往能够赋予员工更大的信心和激励。

香港学者樊景立与台湾学者郑伯熏通过"恩"、"威"、"德"三个构面，将领导划分成八种类型，十分精辟。这八种类型包括：第一，高威高恩高德的明主型，我以为可以唐太宗为代表；第二，高威高恩低德的帮主型，以汉武帝为代表；第三，高威低恩高德的清官型，以雍正帝为代表；第四，高威低恩低德的霸主型，以后赵石虎为代表；第五，低威高恩高德的仁主型，以汉文帝为代表；第六，低威低恩高德的德范型，以汉景帝为代表；第七，低威高恩低德的溺爱型，以唐德宗为代表；第八，低威低恩低德的庸主型，以晋惠帝为代表。

已有的调查研究结果显示，在中国人心目中，最理想的领导首推低威高恩高德的仁主型，近一半的人以此一类型为理想领导。其次才是高威高恩高德的明主型，约受四分之一样本的青睐。再次是低威低恩高德的德范型。第四名才是高威低恩高德的清官型，但选这一类型为理想领导的人已经远远低于前三者。其他四类入选率都微不足道。有趣的是，低威高恩低德的溺爱型并不受欢迎，这恰恰说明了中国人的智慧。这种乡愿型的人物会照顾周围人的感受，却难以做出正确的决断，因而会使一小撮人笑，却使一街人哭。

历史上的唐德宗就是这样一个典型。安史之乱以后的唐朝国力已经日渐衰落，而此时朝廷却仍然决定大肆扩大皇家园林，圈占许多农地，却又不给失地农民补偿。唐德宗出访时，一家农户对其哭诉，唐德宗当时大受触动，于是当即免了这家的赋税。这种做法看似仁慈，实则不智。一方面，他既没有反思扩大皇家园林这个决策的错误，也没有追查官员有无借机贪腐以及任由农户自生自灭的失职之责。另一方面，他仅免掉了这家农户的赋税，破坏了法治的严谨，却不考虑更多家失地农户。对于这种溺爱型的领导，一个常见的现象就是"会哭的孩子有奶吃"。他身旁的那一群亲信、班底会恃宠而骄，欺上压下，而离他较远的干部与员工只能怨声载道。这种类型的人是无法管理一个组织的。

从上面的偏好可以看出，"高德"始终是一个基业长青、长治久安好领导必备的素质。由于非正式规范的核心在于价值、愿景和文化，只有言行合一、自己能够真诚服膺愿景的领导才能传播愿景，只有以身作则的领导才能建立文化。对于管理自组织而言，德行领导更显得至关重要。因此，中国领导必以诚意与修身开始。

恩威并济则是"开疆拓土"型领导的特质，威是要靠法来建立奖惩标准，恩则是人情，有时候人情与法治又会产生冲突，这也是翟学伟理论中人情与均分的困境。

党仁弘是随李渊建立唐朝的开国功臣之一，随后又跟着李世民南征北讨立下不少汗马功劳，而且才干政绩具备，颇为李世民所器重。只是他为人贪婪，贪下了不少赃款并被查获，依唐律当斩。李世民为了他向所有大臣求情，强调国法乃受之于天命，不能因私情而坏法，只是党仁弘一生从公，如今年龄已老还要受死，于心不忍，所以是不是可以网开一面？为此求情，李世民誓言要睡在草席上斋戒禁食三天。直到房玄龄说，皇帝原本就有特赦的权力，实在不必自苦如此。李世民才下诏罪己，承认识人不明，又因人情破坏国法，向全国道歉，并贬了党仁弘为平民，放逐钦州。

诸葛亮斩马谡则是另外一个好例子。马谡是诸葛亮的首席智囊，攻城为下攻心为上，七擒七纵孟获以收其心，就是出自他的策略。刘备去世时曾告诫诸葛亮："马谡言过其实，不可以交给他重要任务。"换言之，马谡就是一个谋士，没有执行力，所以不能委以领导之责。

可惜诸葛亮错用其才，让这个长于谋略的参谋领军当先锋，到了街亭，举措失常，琐碎苛刻，军心不服。他还自作聪明，违反军令，放弃水源和城垒，在山下筑营。最后他被魏将张郃切断水源，失了街亭，使出了祁山的蜀汉大军撤退。

诸葛亮挥泪斩马谡已成为历史名剧，但更重要的在于诸葛亮誓言视马谡之母为己母，奉养终身。为了严肃军纪，军令必行，斩马谡顾全了军法，但于人情的亏欠，诸葛亮以共事一母表明了兄弟之义，也断绝了马谡的后顾之忧。

上段历史，李世民在法上找到了特赦的权力（法尚俭约所以才有回旋的余地），但又为了顾念人情而违反了国法的公平，所以下诏罪己、斋戒自罚，以谢国人，做到了法情兼顾。而下段历史也可以看到，诸葛亮是军法为先，但法情兼顾。只是他先顾了公平，再以私人行为，兼顾了人情。

为什么李世民先顾人情，再兼顾国法，而诸葛亮却先顾军法，再兼顾人情呢？这要从他们所处的整体环境去思考，而不是因为两人的性格或他们与另一当事人的关系。李世民面对的是天下已定，想要长治久安，所以开始提倡礼治天下。李世民以此为表率表现出感恩重道的行为。相反，诸葛亮所在环境是东汉末年天下纪律废弛（一代谋士郭嘉从袁绍处投奔曹操，正是因为曹操能严肃纪律），所以当时建立纪律是最重要的。诸葛亮军法为先，其来有自。

恩威并济及恩威平衡一直是中国管理中的重大命题，考验着管理者的智慧。

第五讲／圈子理论

——中国人的工作动机

前面第二、三与第四讲谈到了中国人管理思维的核心是无为而治，也就是以自然生发的自组织来完成工作。而培养自组织有赖于关系管理，其真义是塑造一个组织内外都和谐、信任的环境。这样才能让各自独立的自组织有效连接起来，成为组织网络以完成整条价值链。然后，治理这条链上的交易关系则有赖于礼法并治，尤其是愿景塑造与文化建设，建立非正式规范，促进团体内部相互监督。这些正是礼治秩序的基石。

但为什么中国人会有这种以自组织为主的管理哲学呢？

这样的管理哲学又为什么能发挥出中国管理的弹性、快速及合作性强的特质呢？

面对这些问题，我试着以中国人圈子理论（Chinese circle theory），也可以称之为 C 理论，加以回答。

一 本土社会学的解释

规范中国人组织行为的重要法则是许烺光所说的"情境中心"（1983）的思维。情境中心是中国人的处世态度，建基在相互依赖的人际关系之上，以家伦理为轴心，划出群己，自己人与外人以不同的行为法则相对待，在不同情境中会有不同的规范。中国人的家理想上应是一个集体主义的社会，儒家的伦理要求个人在家中遵守三纲五常的规范，但家外则不需适用这样的法则。中国人也会把"家"的行为法则扩而大之，及于家族、宗族、乡亲，甚至拜把兄弟、好朋友。所以一个人内层的小圈子可大可小，是有弹性的，依情境加以判断。

圈内人适用家的集体主义行为法则，或是黄光国所说的"需求法则"（1988），圈外人则不适用。翟学伟以为需求法则虽是儒家文化的理想，实际上即使在一个家族之内，也不可能各尽所能，各取所需，完全地相互满足对方的需求。这个法则也绝不只适用于拟似家人这么强的关系。熟人连带中，这种行为方式也十分普遍，只要被认为是圈子内的人，见者有份，好处同享，否则就被排除在圈子外。

一个组织的领导者也会以不同的管理方式对待圈内、圈外之人。班底、亲信是一个领导的核心团队，所以一定是混合了工具交换与情感的关系，领导也要投入情感去经营

"家"的归属感。这时圈内成员和领导之间的交换就是一种长期的关系合约，不计较一时一地的利益得失，而更重视长时间、大范围的人情交换的可能性。但圈外的一般干部与员工，除了少数被特别培养有潜力进入圈内的人之外，都适用公事公办的公平法则，可以较少顾念人情，也可以算计一时一地的利益得失。

二 从 X 理论到 Z 理论

管理最终是要管人，因而对人的本质——人性的不同假定会演化出很不相同的管理学理论。目前主流的有三种理论：X 理论、Y 理论和 Z 理论。X 理论是麦格雷戈总结了以往管理中对人性的假定，并在其基础上提出的。麦格雷戈认为，他所在时代的组织设计基于错误的人性假设：人是不爱工作的，人性是被动的，人的本性反对改革，对组织漠不关心，人是需要有人管理的等。X 理论的主要内容可以归纳为六点：①大多数人都是懒惰的，他们尽可能地逃避工作。②大多数人都没有雄心壮志，宁愿接受别人领导，也不愿负任何责任。③大多数人的个人目标与组织目标都是矛盾的，要保证组织目标的实现必须靠外力的强制。④大多数人都缺乏理智，不能克制自己，很容易受别人影响。⑤大多数人为满足基本生理需要和安全需要，会选择那些经济上获利最大的事去做。⑥人群大致分两类，多数人符合上述假设，少数人能克制自己，他们应负起管理的责任。基于 X 理论，管理的重点就是要指挥和控制员工。要驱使员工工作，必须用"胡萝卜加大棒"的方法：一方面用工资、奖金和福利进行利诱，另一方面用制度、惩罚加以威慑。

麦格雷戈同时提出，X 理论对人性的假设是错误的，人并非天生好逸恶劳，而是能够自我激励的。他进而提出了 Y 理论。Y 理论认为，人们能够喜欢上工作，只要他们在工作中得到满足感和成就感。Y 理论的主要内容也可以概括为以下六点：①一般人并不是天生就不喜欢工作的，工作就像游戏和休息一样自然。工作可能是一种满足，也可能是一种处罚，到底怎样，要看环境而定。②外来的控制和惩罚，并不是促使人们为实现组织的目标而努力的唯一方法。它甚至对人是一种威胁和阻碍，并放慢了人成熟的脚步。人们愿意实行自我管理和自我控制来完成应当完成的目标。③人的自我实现的要求和组织要求的行为之间是没有矛盾的。如果给人提供适当的机会，人们就能将个人目标和组织目标统一起来。④一般人在适当条件下，不仅学会了接受职责，而且还学会了谋求职责。逃避责任、缺乏抱负以及强调安全感，通常是经验的结果，而不是人的本性。⑤大多数人，而不是少数人，在解决组织的困难问题时，都能发挥较高的想象力、聪明才智和创造性。⑥在现代工业生活的条件下，一般人的智慧潜能只是部分地得到了发挥。基于这些假设，Y 理论强调激励员工的方式应该是使他们在工作中得到更大的快乐和满足。管理者的重要任务是创造一个使人发挥才能的工作环境，发挥员工的潜力。

日裔美国学者大内（Ouchi）则对上面两种理论提出了批判。在大内看来，不管 X 理论还是 Y 理论，都是建立在美国个人主义社会的基础之上的，它们适用的是美国式（A型）组织，并不适用于集体主义的日本式（J型）组织。20世纪80年代，美国组织面临日本组织的严重挑战，即美国组织的生产效率普遍低于日本组织。大内通过实证研究，将美国和日本式组织做了一个对比：美国公司是个人主义的，因此其决策方式是个人决策、个人负责；控制管理方式是依靠明文规定的流程、制度、规章；决策过程经常是决策者做决策；雇工制度以人事合约为主，是短期雇用；考绩方式是快速的以上为主的考绩和晋升。然而，在集体主义的日本组织中，决策方式是广泛参与的决策过程，需要寻求共识；责任制度是集体负责；控制管理方式是暗示性控制，就是依靠集体主义之下的"礼治"特色，不依靠明文的法规，而是大家彼此之间有一套默认的规范方法；最核心的则是终身雇佣制度。

在上述研究的基础上，大内基于日本组织管理的特点提出了 J 型组织，也就是日本式的组织模式，加上美国的管理特色，成就了 Z 理论。Z 理论强调的工作动机是员工的归属感，主要强调信任以及员工与员工间紧密的人际关系对组织生产效率的影响。日本组织因为实行终身雇佣制度，员工一进入公司，就像进入一个家庭，一辈子不会也不愿脱离，因而员工普遍对组织有很强的认同感和归属感。员工对公司很有忠诚感，公司也要为员工提供归属感，让员工觉得像是在家中一样。终身雇佣制、缓慢的评估与晋升机制以及无专业性的职业路径，使得员工在一进入公司时就将自己的人生与公司的命运紧紧绑在一起，因而能够任劳任怨、勤勤恳恳地工作，保证着极高的生产率。Z理论最核心的就是寻求归属感和长期雇用。

有趣的是，20世纪80年代以后，越来越多的美国公司似乎也开始实践Z理论的内容。这包括长期雇用、重视给予员工归属感、员工360度评鉴等。然而，在调查时这些公司都否认是受到日本影响，而认为是随着自身需要逐渐开始这些做法的。可见，所谓管理在不同文化下的差异，其实并没有那么明显。并不是美国只适用X理论和Y理论，Z理论的内容可能也同样适用，只是没有表现得那么明显。

如果说，X理论和Y理论是基于美国的管理实践提出，Z理论是基于日本的管理实践提出，那么基于中国的管理实践提出来的应该是怎样的理论？我称之为C理论。这里的C，一方面指中国特色（Chinese），另一方面指圈子（Circle）。当然，说中国组织适用C理论，并非说X理论、Y理论和Z理论就不重要了。工资、奖金、福利、惩罚始终是重要的物质性激励，归属感、认同感也绝对是中国员工所需的非物质性激励，只是中国组织中的激励有其独特之处。正如在土生土长的美国组织中也能看到 Z 理论的内容一样，C 理论强调的人情交换和圈子现象其实也在美国、日本以及其他许多国家的组织中存在着，只是这些特征在中国表现得尤其明显。

三　C 理论

与 Z 理论类似，C 理论强调的也是归属感。然而最大的不同是，C 理论下的员工不是集体主义的，而是身处差序格局的人脉网和关系网中。这就造成了中国尤其发达的"圈子现象"。中国人不会在一家公司里追求归属感，而是会在自己的小圈子里找寻归属感。成功的公司领导要把整个公司变成一个圈子，但大多数公司里面都有很多的派系和小圈圈。因此，中国人的一个非常重要的工作动机就是进行人情交换，进入别人的圈子，累积人脉，组织自己的圈子。

（一）人情交换作为重要工作动机

中国人在完成个人成就的过程中，一定会知道一件事：就是自己不可能靠个人英雄主义将一件事情完成。因此，越是有成就动机，越是不能有个人英雄主义。中国人在经济行动之前积累的社会关系就是人脉，是潜在的社会资本。中国人在追求个人目标时，就会在人脉网中搜寻其所需要的资源，并根据彼此之间信任程度的高低，决定可以动员的力度。由于人脉网蕴含大量的资源，因此中国人都十分了解，完成个人目标要靠一群人的力量，平常累积人脉，动员时才有足够的资源。在事业开展的初期，个人的资源往往很缺乏，此时中国人就会默默忍耐，努力工作，帮人"捧场"，以进行人情交换并在这个过程中积累人脉。

我曾经写论文论证，中国人既非集体主义，也非个人主义，而是关系主义。西方的错误观念，往往认为中国是集体主义的。这是因为中国人在短期来看，的确表现出很多集体主义的行为，因此采用西方的问卷量表测量，很容易得出中国人有集体主义的倾向；尤其是熟人的人情交换中，更要保持"集体主义"的特性——将大家的利益放在个人的利益之上，将功劳归给大家，帮助别人却不明言回报，处处与人分享。然而，这样貌似集体主义的行为，长期来看都是为了积累人脉，以最终完成个人目标。

中国人为了建立事业，可以隐忍十年二十年，持续进行人情交换。但这一切的目标都是期待有朝一日，自己登高一呼时，就会有很多圈子内的人来响应，同时圈子之外还会有很多来捧场的人。关键时候得到支持，恰恰是由于之前做了很多人情交换，那些来"捧场"的人都是为了偿还昔日欠下的人情。所以，中国人大多数的工作，其实就是"今天你帮我抬轿，明天我帮你抬轿"的过程。因此，中国人工作的很大动机就是通过人情交换，将认识的人转成熟人连带，将一次合作转成长期维持的关系合约。

（二）情境中心的思维

C 理论强调的第二个规范中国人行为的重要法则就是许烺光所说的"情境中心"思维。情境中心是中国人的处世态度，中国人总是在相互依赖的人际关系之中，以家伦理为行为准则，划出"圈内人"和"圈外人"，并用不同的行为法则相对待。中国人总是很清楚谁在圈子内、谁在圈子外，并且圈子内外的范围是能够随着情境的不同而调整的。电影《建国大业》中毛泽东讲过一段话："什么叫政治？政治就是把朋友的朋友变得越多越好，把敌人的敌人变得越多越好。"这里的含义其实就很相似。

中国人也会把"家"的行为法则扩而大之，及于家族、宗族，甚至拜把兄弟、好朋友。所以一个人的小圈子可大可小，是有弹性的，依情境加以判断。圈内人适用家的集体主义行为法则，圈外人则不适用。在中国，优秀的职场人士可以无怨无悔地加班和做很多额外的工作，其目的都是为了完成长期的人情交换，以争取最终"进入圈子"。

比如，我在美国教书时，助教不会给我倒茶，因为倒茶这项工作不属于助教明文所列的职责。然而中国助教却会很自然地这么做，这种额外的工作实质就是一种人情交换。中国人的工作动机被引发，最重要的原因往往不是具体的工资和奖金，而是找到了圈子。只要感到自己被纳入了圈子，而这个圈子整体是蒸蒸日上和有希望的，内部的利益是均分的，中国人就会乐意帮人抬轿。因为他知道，随着圈子实力的发展，自己最终能够分到更多的利益，由此产生对小圈子的归属感。然而，如果一直找不到圈子，或者说圈子进错了，里面的领导人不能利益均沾，或者忽略了照顾人情，中国人就会感到失望而离开。所以，好的领导经常是能将圈子用家伦理的法则经营得大家都有归属感，同时又使得经营的资源越来越多，这样大家合作后又有更多双赢的机会。

社会学者蔡禾在研究中国建筑业农民工时，就发现了"逆差序格局"的现象。也就是当工程外包的资金链发生断裂时，包工头反而会先还临时工或短期雇工的欠薪，不会先给长期跟随自己的团队，此时，亲近的圈内人受到较疏远的圈外人更差的待遇。这说明圈内人可以有难同当，可以不计较一时间的公平，而更在乎长期人情交换可能带来的利益。只是一旦圈内人对长期利益的期待落空，则关系合约破裂，常常很难恢复，甚至变成负面的情感。

另一个现象是，中国最有活力的往往是小公司。这种小公司呈现的是网络结构。例如由一个大能人带10个小能人，每个小能人又各带5个小小能人，最后每个小小能人再带10个员工。事实上，中国建基在这种圈子关系之上的自组织会很有效率，然而，这种治理结果在中型组织或许尚能维持，但在大规模的公司则无法再实现，而是会在公司中演化出层级制度。所以，很多规模较大的中国公司实际上形成了上层级下网络的结构：在上层形成统一控制的层级结构，在下面则发育出一大堆自组织。

这种结构是健康的。层级是为了控制,网络是为了效率。

中国人只有被赋予自组织的机会,才有足够的工作动机,才会最有效率。如果一个工作者一直不能与领导或同事建立长期人情交换关系,总是被别人视为圈外人,则激励其工作的因素就不可能是情感性的、长期的关系。既缺乏归属感的激励,而且少了人脉的积累,也很难有个人自我实现、追求成就的机会,这样员工的离职率会很高。所以说,层级如果控制得很好,可以帮助网络发挥效率,但如果以层级取代网络,则会非常没有效率,反而把圈子逼得抱团,演化出上有政策下有对策的派系,或互抢资源不择手段的派系斗争。

(三) 中国人最强的激励是承包——裂土封侯

对中国人而言,将他纳入圈子,老让他抬轿,他固然会有归属感。但最好的激励其实是承包,也就是"裂土封侯":给他一亩三分地,让他去经营自己的人脉,建立自己的小圈子,并且逐渐做大,到外面去开疆拓土。承包的过程中,让其上交一部分的成果,保留大部分的收益,由团队的领袖均分给成员,使其营造出自己的"家",以进一步组织、动员一群人实现个人的目标。自组织正是中国工作者最想要追求的个人成就,也是最强大的激励因素。

同样的,团队领袖在完成个人目标的同时,也要建立与团队成员长期人情交换的关系,令成员为团队付出的同时,有归属感，有更多积累人脉的机会，均分大家一起取得的成果；最终也可能给其机会，自组织自己的团队，承包一片业务，满足其个人目标。所以中国工作者会在"大家"中寻找归属感，在自己的"小家"中寻找成就感；无论何时，他们都会寻找关系合约的机会，积累人脉，以期在需要时，动员出足够的资源。成功的领导者也会有效地协调"大家"与"小家"之间的目标，平衡他们间的利益，一方面用承包的方式激励团队成员，一方面使独立的"小家"能继续为"大家"的目标工作。因此，C理论强调，在中国最强的激励就是承包。中国人善于在"大家"（整个组织）中找到归属感，在"小家"（自组织）中找到成就感。懂得中国人心理的领导要善用承包制，这也是中国人"一放就活"的原因。

基于上述对中国人行为特点的分析，C理论是建立在以下几点人性假设上的。

（1）中国人工作的动机可能是为了人情交换，因而自愿去执行；也可能是一种职责，因而可能想逃避。到底怎样，要看交换的对象而定。

（2）交换的对象是"自己人"、"圈内人"时，工作就是人情交换，自愿执行，但交付工作者是"认识之人"、"圈外人"时，工作就只是职责。

（3）大多数人自我实现的要求都是通过建立自己的人脉网，并靠动员此一网络集体力量才能达成，所以在社会交换中累积人脉是重要的工作动机。

（4）大多数人如能与领导或一群人建立人情交换关系，则会形成一个圈子，有了归属感，工作会十分积极，在解决困难问题时，都能发挥较高的想象力、聪明才智和创造力。

（5）追求个人成就感的中国员工累积了一定的人脉，就会想建立自己的团队，组织起来持续追求个人的人生目标。所以给予其自组织的机会，会强力激发其工作动机。

在这样的中国人人性假设下，其组织模式也是"情境中心"的，依不同情况划分出圈内、圈外，也拥有不同的互动法则。

四　C型组织

（一）C型组织的特质

最后，将中国组织的管理方式与日本和美国式的做一个比较。由于中国组织符合C理论，是一个以圈子为主要结构的组织，我称之为C型组织。因此其管理既非美国式，又非日本式。

在决策方式上，大内以为日本式组织（J型组织）要求集体的意见统一，美国式组织（A型组织）则是个人决策。中国老板建立团队，一定是以其个人为核心形成人脉网，因此一定会形成组织中的"能人"现象。有能人，就会个人决策。然而，能人知道不能只搞个人英雄主义，因此会建立和打造自己的亲信帮底，其决策方式也会是先寻求小范围的意见统一，再尽可能透过圈内人去取得更大多数人的集体共识。

在责任制度上，大内以为日本式组织既是集体决策又是集体负责，美国式组织则是领导负责。中国式组织原则上也是领导负责，但往往其圈内人会负连带责任。中国组织内往往有"一人得道，鸡犬升天"的现象。圈子中的负责人如果发展顺利，圈子里的其他人也会得到惠泽。同样，如果负责人出事，其他圈内人往往也要负连带责任。现在中国一出现弊案，往往就是一个窝案，牵连出一群人，即为明证。所以中国组织内的奖惩不是集体负责，但也往往不限于一人，而会有一群连带责任人。

控制管理方式上，大内以为日本式组织主要以非明文的规范与舆论监督为主，美国式组织则以明文规定的流程、规章等法治手段为主。中国式组织则又是情境性的，圈内人及有潜力加入圈内的人需要情感性的人情交换，法外要考虑人情，所以以非明文的情感、道德或舆论控制为主。但对圈外人，则可以公事公办，流程、规章作为控制手段。简而言之，圈外人比较容易公事公办，圈内人则是法外有人情，法外有空间。

在决策过程上，大内以为日本式组织会让集体内的人广泛参与，美国式组织则不让参与。中国式组织中领导会让圈内人广泛参与；如果可能，圈内成员又会透过自己的圈子广泛收集意见。

在劳工制度上，大内以为日本式组织采用的是终身雇佣制，美国式组织采用的是短期雇佣制。中国式组织则是差序格局的，圈子内的人会被争取成为终身雇用，但一般员工则无所谓，常是短期雇用。

在工资考绩制度上，大内以为日本式组织是除上级评鉴之外，还要听取同僚的口碑，缓慢地升迁。而美国式组织则是以上级评鉴为主。中国式组织也以上级评鉴为主，但一个人加入一个圈子时，往往要得到圈内人的同意。对于中国员工来说，考绩的重要标准是什么时候能进入圈子。能够成为领导的亲信，听到领导的"体己话"，这可能是比奖金更重要的激励。成功的领导，注重让圈内人达成共识，而不能一个人决策。因此，在选拔圈子内成员时，领导会更加谨慎，需要经过多方考察，获得圈内人的一致赞同，以免造成内部矛盾，使圈子内成员离心离德。

既然中国人擅长人情交换，容易形成圈子，中国式组织内总是会有许多大大小小相互重叠的圈子。成功的领导会善用这些圈子，让他们组织成独立的团队，承包某一业务或主管一个地方的业务，让这群有归属感工作动机又强烈的员工有自由发挥的余地。

而失败的领导则控制不住圈子的发展，造成组织内派系林立，甚至派系斗争激烈，派系成员以集体力量搞上有政策下有对策，抵制命令。

（二）中庸之道理想中的 C 型组织

无为而治的管理思维承认了圈子的存在价值，而以放手分权的方式鼓励自组织、自我管理，以善用圈子的力量。这标识了 C 型组织发展出的与大型层级制组织十分不同的特质。

现代管理理论以发展大型层级制组织为发端，泰勒的科学管理把组织视为一个工作流程的系统，韦伯的层级制把组织视为一个层级结构的命令系统，理性化的组织要求标准化、非人格化、正式制度化、专业化、文字记录化，权力是由上而下的，所以对组织的工作可以设计、规划、因事找人、命令执行、追踪考核并给予奖惩。

但如我在第一讲中说的，中国是一个"人情社会"、"关系社会"。虽然直到现代以前中国一直拥有世界上最庞大的层级制组织，但中国人却深深了解这个由上到下权力贯彻到底的组织模式不适合自己，所以中国人的社会理想模式——桃花源——是从"避秦"开始的。"避秦"就是一首中国先民的自由之歌，反对权力由上而下的控制。因此在权力结构上，中国人认知到了由下而上自发组织起来的权力。与之类似的，组织理论学者梅耶在霍桑实验中也觉察到组织中非正式团体的存在，但好像层级制消灭不了，不得不让其生存。中国管理的智慧却认可了自组织的价值，并懂得善用这些自组织，这就是无为而治的管理智慧。

在控制方式上，理想型层级组织是以工作流程、制度规章与命令系统作为控制手段,把员工当作工作流程中的螺丝钉,用细密严格的制度规章加以控制。但员工是人不是螺丝钉,会起而反抗,所以一系列人本管理的思维应运而生。如巴纳德强调价值领导、愿景领导以提供员工共同目标,梅耶强调员工的归属感与情感关系,一系列组织行为学研究分析了员工的工作满意、组织忠诚、公平感等,以人本管理补充了科学管理的不足①。而中国管理思维承认了自组织的重要性,所以中庸之道的控制手段如第一章所述,强调的是关系管理、愿景领导以及文化建设,以建立员工的共同价值、目标与规范,使自组织在自我管理的行动中能"不逾矩"。但只是价值与文化的控制自然是不够的,所以中国人的交易治理中依然会建立许多规章制度以为辅助。

在领导职能上,韦伯、泰勒所揭示的理想型层级组织主要领导职能是设计组织结构、规章制度与工作流程,并监督员工执行。新韦伯学派大师西蒙则指出,领导的主要职能是决策。而中庸之道所述的领导职能,则要诚意、修身与齐家。诚意是为了树立价值观与愿景,修身是要塑造组织文化,而齐家则是关系管理,不仅管好自己与员工、与外界的关系,还要管好组织内所有人的和谐关系。

---

① 这里的科学管理不是专指泰勒的管理科学运动,而是泛指基于理性经济人的人性预设下发展出来的管理理论与实务。其对应面就是基于社会人假设发展出来的管理理论与实务。组织学者理查德·斯科特称前者为理性系统管理,后者为自然系统管理。

之所以在管理哲学上有如此大的差异，因为其基本的人性预设是不一样的，理想型层级组织预设的人是理性的经济人，所以控制与奖惩足以使其有工作动机。而C型组织预设的是社会人，追求情感依归、认同与关系温暖，所以只有培养员工归属感、认同感与和谐关系，才能激励员工工作。

层级组织顾名思义就是以层级为主，但其各式各样的变形——矩阵式组织、成本中心制度、内部创业制度等——仍有一些相对独立的单位，要靠着网络连接起来。C型组织既以自组织为主，则其结构就是网络式组织（network form of organization），但规模大时，为了控制这些自组织，它往往仍会有一个层级部分，变成上层级下网络的结构。

最后，C型组织何时可以发挥作用？这有待下一讲详细说明。简单地说，越是标准化、规模化、重复性高的生产越适合理想型层级制组织，而越是个性化、多元化、多变化的生产则是C型组织的强项。C型组织强调的是价值、愿景与文化的控制，这些正好是柯林斯强调的基业常青型公司的特质。所以C型组织的长处是能够做久做实，在长时间中慢慢做大做强。这不同于理想型层级制组织，后者追求的是短期效率，可以迅速做大做强，但未必能做久做实。1983年英国壳牌公司做过一个调查——"全球500强企业的生命周期有多长"，并将结果保密了15年后才对外公布。这份调查显示，这些非常成熟的公司平均寿命只有30～40年，还不到常人寿命的一半。做大做强到世界五百强也往往是昙花一现而已。

表 1　理想型层级组织与 C 型组织比较

	理想型的层级制组织	理想型的 C 型组织
权力结构	由上而下的权力为主	自组织权力为主
控制方式	制度为主,文化为辅	文化为主,制度为辅
领导职能	设计、决策与监督	建立价值愿景,树立文化
人性预设	经济人假设,非人格化	社会人假设,强调关系管理
组织结构	层级结构为主,网络为辅	网络结构为主,层级为辅
适用范围	适合规模经济,做大做强	适合非标准化,做久做实

但在现实中,中国人却是情境中心的,在组织内会有圈子内、圈子外之分,在组织外,也会有亲密盟友与一般伙伴之分。中庸之道下 C 型组织的管理原则往往适用的是"圈内人",而对"圈外人"则"公事公办",也就是以层级的命令与规章要求之,不讲人情。这个圈子有多大或多小?圈子内的人情法则与普遍的公平法则如何平衡?该多大程度上放权任事形成自组织,又多大程度上该建立层级制度加强控制?这些都是情境决定的,都需要动态地保持平衡。这些也是下一讲要谈的中庸之道的内容。

第六讲 / 中庸之道治理

—— 层级与自组织的平衡

这一讲我们要讨论的是动态平衡问题。

第五讲曾以企业为范例来说明组织在"礼治"和"法治"中平衡的情况。利丰的小约翰·韦恩制度,用在开疆拓土、激发企业活力上极有效果;但为了不乱,同时又必须用层级制度加以控管。小约翰·韦恩们组成骑兵队伍,在外面跑来跑去的同时,公司总部也需要一只庞大的"棚车队"作为安定的力量,为骑兵队伍提供后勤、装备等支援,以免小约翰·韦恩们偏离正确的方向,甚至投靠敌方。小型组织还可能主要依靠网络治理方式,而对于大组织而言,层级制度的发育和有效的管控就成为必要。一方面是流程、规章、制度等"法"的约束,另一方面是文化、信任、愿景等"礼"的治理。两者平衡好了就能无为而治,平衡得不好则会产生派系、抱团、内斗、"上有政策、下有对策"等一系列问题。

所以中庸之道的组织管理除了要谈"礼治"与"法治"的平衡之外，更重要的是谈"收"与"放"的平衡，也就是层级权力与自组织权力间的平衡。

一 本土社会学的启示

社会学中谈由上而下的层级制与由下而上的自组织如何平衡者，首推费孝通的"皇权与绅权"。一方面皇权由上而下到县城，县官是由中央派任，属组织层级制度的一员；另一方面宗族权力由下而上，士绅是自治团体的领袖，但士绅却不是理性系统中的一员，不从属于县官。这两股权力相接之处，是县官的部属、胥吏，以及宗族中的"乡约"（各地对此一工作的称呼不尽相同）。

乡约是一件苦差事，地方自组织的真正权力握在士绅手上，但他们不直接面对县官，乡约就成了皇权入乡的守门人。胥吏把政令传给乡约，乡约负责完成后向上交差。如果士绅觉得政令不合理，决定"抗旨"，乡约就被抓到牢里，此时县官才会和士绅商量，看看如何取得共识，推行政令。乡约因传达不力而被惩罚，保住了大家的面子。有时政令推行很难取得共识，或地方官在其中上下其手，士绅就会利用他在官场历练时的老关系网，找到上级单位，挟制地方官的作为。所以士绅对地方自组织起到保护作用。

政令如果太难执行，士绅可以向上找到关系反映给代表道统的文官集团。如果士绅曾经宦游京城，就可能直接找到中央官吏反映舆情，通过士人集团的抗议，以道统的理论争议政令的不合民情，是霸道，或弹劾地方官的执行不当，太扰民。这形成中国政治组织的管理双轨制。中国的政治管理不纯然是一套理性系统由上而下，贯彻到底，也有权力由下而上，以宗族人伦关系自组织出来的基层团体，通过道统对政统的抗议精神，使得自组织的需要可以反映给理性系统中的高层领导，作为决策的参考。

这种地方上自组织的蓬勃发展也受到了中国政治组织的默认，县城以下就是"天高皇帝远"的地方自治，除了缴税征役外，宗族的社会功能多半受到政府的尊重。比如，宗族的协调功能就是一种以宗族权威为主体、以家法族规为基础的调解纠纷机制，以保持内部关系和谐。宗族都有自己"开祠堂"断纠纷的权威，后者对广大族众有很强的约束力。中国的农村历来是国家法律较难延伸到的一个角落，乡间社区的各类关系及其纠纷不可能全部依靠国家的法制来协调，相当一部分是靠宗族内部自我调解。

所以中国的政治组织并不是从上到下贯彻到基层的一个层级机构，而是一个上层级下网络的两层组织。县以上是由上而下的层级，但基层却是由下而上自组织出来的地方自治机构，由不属于层级体系的乡绅掌握。费孝通称这个系统为

"政治双轨制度"。知识分子在这个系统中是上下权力间的桥,一方面形成文官集团,约制层级权力的过度扩张;一方面在地方上施以礼乐教化,以维护自组织的秩序。

二 自组织作为第三种治理模式

(一) 格兰诺维特的镶嵌理论

治理结构一直是组织研究中的重要话题。然而,之前诸多的研究,大多是探讨如何在市场与层级这两种治理结构中进行选择。如以威廉姆森为代表的交易成本学派提出,交易过程中的人性因素和交易环境的动态影响导致市场失灵,造成市场交易困难并进而产生极高的交易成本。交易成本的相对大小是决定治理结构形式的重要原因。威廉姆森将网络作为市场与层级的混合模式(hybrid form)。在其后,一连串的研究都指向将网络视为一种中间状态的组织(intermediate organization),而忽视以网络为特征的第三种治理模式的存在——自组织。

然而,格兰诺维特指出,威廉姆森的理论忽视了一个重要环节,即经济行动中存在的信任关系。格兰诺维特著名的镶嵌理论指出,任何经济行动都是镶嵌在社会网络中的。一方面,对于任何交易而言,基本的信任是必需的,少了起码的信任,任何经济行为都不可能发生;另一方面,信任是决定交易成本的重要因素，会改变治理结构的选择。

首先，信任的存在是必须的，是制度无法取代的。我称之为"最小信任"问题。尽管制度设计可以降低不确定性，减少交易成本，但人与人之间首先要具备最起码的信任，交易才可能发生。在每一件事情都不能相信的环境中，再多的制度设计也让人不敢交易。举例而言，中国人到印度去，可能会连小住旅馆这样的交易都没有信心，而必须依赖旅行中介商代为交易。即使旅馆有合约，印度也有法律去保障这样的合约，但对印度商人的诚信度以及对印度法律品质的怀疑会使中国旅客难以自行交易。

其次，信任关系是可以在一定程度上替代制度的。人们的机会主义倾向和有限理性会造成交易中有较高的成本。然而，除了用制度约束之外，人们相互之间的信任关系也能够降低这些成本。当交易双方都保持善意，高度信任对方时，过多的合约、律师和繁琐的监督检查就变得不那么必要。此外，在交易后的监督行为中，即便一方有违约行为，另一方也不太可能马上诉诸法律解决，而是多半会保持善意，以私下协商的方式解决，尽量以善意取代昂贵的律师诉讼费用，从而减少交易成本。

格兰诺维特的分析使得人们将关注点从冷冰冰的制度、规章、成本算计转移到人际的关系和信任。由于信任一方面必不可少，另一方面又能够替代制度而影响治理结构的选择，在管理过程中人们就不能只片面地依赖规章和制度，而要重视信任和关系的作用,也就是要在硬性的制度和软性的信任之间做好平衡。

(二) 鲍威尔视自组织为第三种治理模式

鲍威尔在其《既非层级也非市场》(Neither Hierarchy, Nor Market, 1990) 一文中也批判了威廉姆森的观点。他认为,网络并非简单的只是一种中间结构,而是包含了一些特殊的治理机制——以信任关系为基础的治理方式。他开始将网络当作第三种治理结构。在网络的治理结构中,信任关系建立在相互需要的认知上,它不是权威关系或买卖关系所能建立的。信任关系所营造的交易氛围是互惠、开放的,而非官僚、束缚的(如层级制),也非自由但猜疑的(如市场)。

他进而用表2来说明三种治理结构的差异。

表2 三种治理结构差异

治理模式 特点	市场(Market)	层级(Hierarchy)	网络(Network)
规范的基础	契约财产权	雇佣关系	互补关系
沟通手段	价格	工作流程	关系的
冲突解决	讨价还价	行政命令、权威	互惠规范、名声关注
弹性程度	高	低	中
承诺的给予	低	中到高	中到高
气氛	明确和猜疑	正式 官僚	开放 相互利益
行动者的优先权	独立	依赖	相互依赖
混合的形式	重复交易、订定如科层般的契约	有市场特性的利润中心制	多重合作伙伴、正式规则

在鲍威尔的看法里，市场结构的主要治理机制是信息传播、价格以及合约，层级结构的主要治理机制是科层结构、命令系统以及组织规章，而网络结构的主要治理机制是信任关系与协商。所以网络绝对不是市场与层级的混合或市场到层级的过渡形态，而是以信任关系为核心的另一种治理结构。

这种观点在中国管理现象中能够找到很多实例支持。如中国人的外包行为，就是依靠网络和自组织逻辑治理的典型代表。最极端的代表则是佩鲁（Perrow）说的小企业网络。中国人，尤其是中国台湾、温州等地以及意大利的小企业网络则经常被认为是最佳典范。以中国台湾为例，有的小企业网络有层级结构，有的则毫无正式结构，后者以五分埔的时髦服饰业为最佳代表。它既用不上合约与法律，也没有一个固定的供应网络而不需要到处寻价议价，更没有哪一家公司是中心厂，其他公司接受其规章的约束。因为每一家小家庭作坊都有可能成为发包商，因此没有正式结构，更不用说正式的命令系统。它的治理结构主要是建立在信任关系之上的协商与善意合作，不需要太多的合约，也不需要商业流程与命令。

（三）自组织的行为逻辑

西方学界长期以来对网络治理结构的忽视，正是由于西方的管理思想奠基于理性系统之上。西方的现代管理思想是从韦伯的层级制与泰勒的科学管理开始，是一个以理性管理系统为主轴，但不断以自然管理系统加以修正的思维。而中国管理却刚好相反，我们总以"道法自然"的思想来看待管理法则，所以自然管理系统是主轴。与之对应，自然系统尊重人的社会性和非理性，强调"自然而然"形成的结构与人的自主性，所以在治理结构上主要采用网络和自组织，依靠成员间自发的合作来解决遇到的问题。因此，中国人天然就更熟悉网络治理结构。

当然，无论西方还是中国，都无法仅靠单一治理方式完成管理，而都是在各自的基础上，吸收另一系统的特性。良好的管理，常常是层级、网络、市场三种治理结构的结合和互为补充。

上述三种治理结构，不仅规则不同，其内部成员身份、运行逻辑、成本和权力的性质都有所区别。

层级制的运作主要依靠科层服从和命令系统。成员在其中的身份是集体化的，遵循权力逻辑，权力是自上而下的。层级制需要建立自上而下一套完备的官僚体系，因而会产生较高的管理成本。

网络制则主要依靠成员间的合作运行，其内部成员身份基于情感关系或自我选择，遵循关系逻辑，权力是自下而上组织起来的。关系和信任是网络制的重要因素，因而为了建立和维护关系，网络治理会产生关系成本。

市场的运作依靠的是自由竞争。成员可以在市场上自由选择交易伙伴，遵循合约与交易的逻辑，权力是分散化的，握在每个交易者的手上。市场会带来交易成本。三种治理结构特点的对比详见表3。

表3 三种治理结构特点比较

	层级	网络	市场
规则	科层服从、命令系统	合作	竞争
成员身份	集体化身份	自我选择的身份	自由选择
逻辑	权力逻辑	关系逻辑	交易逻辑
成本	管理成本	关系成本	交易成本
权力	自上而下的权力	自下而上的权力	分散的权力

三 市场、政府和自组织间的平衡

（一）公共管理中的层级与自组织平衡

不仅是对某一具体组织的管理，对于公共事务的管理也存在层级、市场和网络三种治理结构的抉择。这时候，层级制指的就是主要依靠政府力量，网络则指的是依赖社会力量，依靠民间的各种自组织，如社区、社群。因而，这三种治理结构又被称为"政府"、"社会"和"市场"。

同样的自组织概念，在社会治理的问题上则早已有了很多理论来阐述。下面我想借用林南的理论，来说明社会学在公共治理问题上的传统理论和观点。大部分社会学家认为，在公共治理中应该有三种力量同时存在，即政府、市场和社会。唯有三种力量呈鼎立之势，共同发挥作用，社会才能稳定和谐发展。林南将这三种力量分别称为"政权"、"民权"和"社权"。所谓政权，指的是政府自上而下的一套官僚体系；民权，即个人权利，主要是财产权，指的是人们在市场上自由交换的权利；社权，即社群权力，指的是自组织形成的社群所拥有的权力。

形成社权的社群种类有很多。具体而言，在我们的社会中，社群包括NGO、兴趣团体、网络虚拟团体、职业团体、行业团体和城市的社区或乡村自治团体等。未来社会中，网络虚拟团体是最重要的自组织形态，成员在网下都会有网聚等现实行动。四川赈灾过程中的驴友会就是这种性质的组织。驴友会是由一群爱好旅游的人组成的，他们平时在网上交流心得感受，有空闲时则结伴去旅游。汶川大地震后，许多驴友会也组织起来协助灾后重建，部分成员捐钱捐物，部分成员则将自己的假期都积攒起来，亲自下到灾区参与当地重建事业。这种社群行动的力量就是社权的一个代表。

另外一种社群是行业团体。我在访谈高科技制造业中的管理者时，他们的一些说法给我留下了很深印象。"这个行业就是一个小圈子，所谓的玩家不过就那么几百号人。"正因为这样，在这个行业里，谁干了坏事，或者哪家的品质不好，内部人都会知道。因此，行业团体实际上发挥了内部监督的作用。

地域团体，比如农村的宗族、城市中的小区或街道委员会等，也可能自组织成社群，在小区的物业管理及公共生活的营造上极有价值。

　　管理学家明茨伯格强调，社会治理的优良需要靠三种权力：市场、政府和社群（这里的社群权力讲的就是小范围社区自组织的权力），三者相互平衡社会才能健康运行。他在苏州、人民大学IMPM课程开学典礼上作了专题演讲，指出苏联解体后，美国右派学者一度欢欣鼓舞。日裔学者福山就在20世纪90年代初写了一本书叫《历史的终结与最后一人》，认为人类历史发展到那时已经达到了最高境界，所有大问题都已经被美国用"民主政治加资本主义制度"的方式解决，剩下的事情都已经无关紧要了。这本书出来后引起了不小的轰动，也受到了很多学者的批判。几十年中发生的一系列重大事件，如9·11、2008年金融危机等都说明了福山判断的错误。

　　究其实，苏联解体的真正原因并不在于社会主义制度，而在于政府、市场和社会三种力量失衡。美国的发展恰恰是由于其具有强大的自我调适功能，能够主动吸收社会主义制度中的诸多优点，如社会福利制度等。而苏联则过于强调政府力量，消灭了市场和社区，只剩下了中央计划、政府管控的单一力量。苏联的计划经济体制取消了市场，一切依靠行政调控和配额，这一方面带来巨大的管理成本，另一方面也造成资源配置的无效率。俄罗斯人历史上大多信奉东正教，教堂和宗教组织在协调社区事务上发挥着重要作用。取消宗教之后，一切都由国家指挥，这压抑了民间自组织的自由。这样一个完全由政府控制的国家，最后一定会出现失衡和各种问题。随着官僚系统越来越庞大和僵化，腐败问题开始在各个层级涌现，整个系统亦开始有滥权的趋势，最终导致苏联的解体。

今日美国也有重蹈苏联覆辙的趋势。美国越来越强调资本主义和个人权利，其宗教和社区都在逐渐没落和解体。普特南在《独自打保龄球》（*Bowling Alone*）一书中指出，现代美国人的生活变得越来越自我和孤僻，独自去打保龄球的人越来越多，这正反映了美国社区力量的衰弱和总体社会资本的下降。另一方面，美国的市场力量膨胀，甚至到了控制政府的地步。鲍尔森担任财政部部长，而其自身恰好是制造金融风暴的美国投资银行的人马。即便是2008年严重的金融危机，美国总统奥巴马痛骂华尔街的巨头，他所能做的也十分有限。由于政府官员都有赖财团经济力量的支持，政府行为受制于市场的力量。这种情况引发了金融风暴，带来了美国国力的下降。

（二）中国的平衡问题

前面提到过费孝通说的"皇权"和"绅权"两个重要概念。在费孝通看来，代表自上而下层级权力的"皇权"和代表自下而上自组织权力的"绅权"，两者间的平衡正是中国历史上政治发展的主轴。我很推崇黄仁宇的中国大历史观。在黄仁宇的阐述中,中国几千年纷繁变化的历史中实际上存在一套结构和机理。这个机理实际上就是层级权力与自组织之间平衡的问题。平衡得不好,中央权力过于弱小,地方势力过于强大,就可能造成动乱和"尾大不掉"的局面。或者中央控制过严,压抑了地方的活力和发展空间,则又可能出现社会僵化、停滞的恶果。中国历朝历代兴衰的核心,重点就在于自组织和层级权力如何平衡,既避免"一放就乱",也避免"一收就死"。

市场、政府和社会的力量应该平衡发展,然而现实中的问题是,我们常常只看到政权和民权,社会发挥的力量太过弱小。主流言论几乎不是谈政府管制就是谈市场力量。幸运的,诺贝尔奖颁给奥斯特罗姆,她就提出了自我治理(self-governance)是政府与市场之外的第三种治理模式,引发我们注意到市场与层级之外的第三种力量。

传统中国自组织形成的基础是儒家伦理和血缘关系,而现代社会自组织发挥作用依靠的是志愿者精神和公益精神。但当今中国社会的状况是,儒家伦理和血缘关系的作用在日益下降。一百多年来的西方现代化理念的传播对社区力量造成了冲击。此外,改革开放后30年市场力量的发展更是对农村地区的社区力量带来了巨大的破坏。市场对社区的消融能力比之前的各种力量都大,乡村中较有能力的青壮年都出外打工,农村只剩下了老弱妇孺。市场化和城市化进程抽空了农村地区的资源,使得当地缺乏"能人",没有人来自组织。然而，另一方面，中国社会中公益精神和志愿精神却还没有发展起来。目前社会上道德和伦理精神力量仍太过弱小，社会上的自组织数量还远远不够。这种情况如果一直持续，必然会造成社会失衡。中国社会要和谐发展，必须重视和培育社会自组织的力量。

这三者的关系如图7，三者的力量只有落入平衡区，社会才能安定与发展；超出这一平衡区，都不可持续，这就是中国人中庸之道管理的精义。

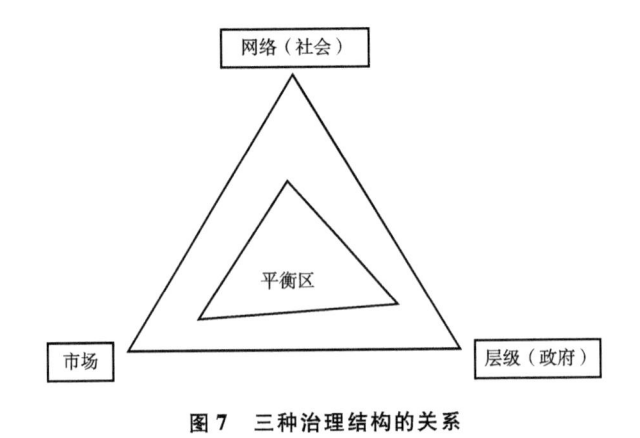

图7 三种治理结构的关系

四 管理自组织

自组织形成之后，就要谈自组织如何管理。这个议题长期被经济学界忽视，直到这次诺贝尔经济学奖颁给了奥斯特罗姆，关于自组织的研究才越来越多地进入人们的视野。在我看来，国内很多经济学家都没有真正懂得奥斯特罗姆获奖的意义，就是对威廉姆森的理论很多也只懂得一半，理解停留在"产权"、"治理"等问题上，而没有看到自组织这个概念的重要性。

(一) 奥斯特罗姆的案例

奥斯特罗姆是在公共管理领域提出自组织是第三种治理模式的先驱，她以公有池塘的经营为例。过去在研究公有资源治理时，一个常见的问题就是"公共地悲剧"。由于公有资源没有明确的归属，人们使用时往往会从个人利益最大化的角度出发，而忽视对资源的保护和长期管理，结果很容易导致对资源的破坏。传统上解决这个问题有两种思路：第一种是依靠市场，通过机制设计让使用者付费，或用私有化的方式，将公共资源转化为私有财产。然而，现实中完全私有化的方式常常不可行，机制的设计也很难做到完美无缺。第二种途径是依靠政府，将公有资源（如土地、矿山）归公，由政府决定谁有权使用、如何使用以及使用期限等问题。这种方式的一个风险是，掌握权力的人很容易滥用公权，出现贪污腐败等弊端。奥斯特罗姆则发现，存在一种在政府与市场之外的自主治理公共资源的可能性。

奥斯特罗姆的研究提出，自组织的自我管理，存在三种不同层次的规则：操作规则、集体选择规则和宪法规则。最低层次的是操作规则，直接影响关于许多问题的日常决策。

比如，何时、何地及如何提取资源；谁来监督并如何监督其他人的行动；何种信息必须进行交换，何种信息不能发布；对各种不同的行为和结果如何进行奖励或制裁等。例如，在公共池塘保护的案例中，为了保护有限的用水，池塘附近的村民可能约定，一人一天只能用大桶取一桶水，严禁更多使用。为了防止有人违背规则，夜里偷偷多取，村民可能进一步设计出监督方案，每晚轮流派人值夜监督。而当真的出现有人违规偷水被抓时，居民可能又进而规定具体惩罚措施，如罚他三天不能打水。此外，为了保证公平公正，防范包庇徇私现象，村民还可能设计出突击检查制度等。这些详细而具体的规定都属于操作规则。

操作规则之上是集体选择规则，它涉及的是操作规则制订和变更过程中的决策权。比如，操作规则究竟由谁来制订，如何制订？在上面的例子中，则涉及每天究竟允许使用多少水，这个标准如何确定等？

最高层次的宪法规则决定了资产的归属，如谁有权来决定池塘相关的事务等。在上面的例子中，如果池塘是属于国家的，那么国家能够规定池塘应该供所有公民使用，村民就无权限制外来人随意取水。然而，如果池塘属于集体所有，那么村民就能够自行决定对池塘的处置。此外，宪法规则还规定了谁有权决定集体选择规则。比如，池塘事务究竟是村长独裁还是村民大会决定等。

奥斯特罗姆认为，对这三个层次的行动规则来说，一个层次的行动规则的变更，是在较高一层次规则的监管之下的。想要变更高层次的规则通常更困难，成本也更高。因而，从这个意义上说，对自组织而言，宪法规则是最重要的，自组织的实现必须首先有相匹配的宪法规则。

奥斯特罗姆在案例分析的基础上还总结出了一些共同的"设计原则"。她发现，成功的自组织管理都具备以下八个基本因素。

（1）清晰界定边界。公共池塘资源本身的边界必须予以明确规定，有权从公共池塘中提取一定资源单位的个人或家庭也必须予以明确规定。

（2）占用和供应规则与当地条件保持一致。规定占用的时间、地点、技术和/或资源单位数量的规则，要与当地条件及所需劳动、物资和/或资金的供应规则相一致，也要和当地的文化相一致。

（3）集体选择的安排。绝大多数受操作规则影响的个人应该能够参与对操作规则的修改。

（4）监督。有人积极检查公共池塘资源状况和占用者行为，他们或是对占用者负有责任的人，或是占用者本人。

（5）分级制裁。违反操作规则的占用者很可能要受到其他占用者、有关官员或两者的制裁（制裁的程度取决于违规的内容和严重性）。

（6）冲突解决机制。占用者和他们的主管官员能够迅速通过低成本的地方公共论坛，来解决占用者之间或占用者和官员之间的冲突。

（7）对组织权力的最低限度的认可。占用者设计自己制度的权力不受外部政府威权的挑战。

（8）分权制组织。在一个多层次的分权制组织中，对占用、供应、监督、强制执行、冲突解决和治理活动加以组织。

奥斯特罗姆认为，正是这八项原则保证了长期有效的公共池塘资源自主组织、自主治理制度。她提出，这些设计原则能影响激励，使占用者能够自愿遵守在这些系统中设计的操作规则，监督各自对规则的遵守情况，并把公共池塘资源的制度安排一代一代地维持下去。下面，我想结合本土案例来谈一谈中国自组织规则的特色。

（二）自组织管理的本土案例

在汶川大地震之后，灾区的重建过程中就有许多自组织的案例。下面主要以我在援助重建中遇到的Y村为例，谈谈中国自组织的特点及其成功失败的经验、教训。

首先值得注意的是中国自组织中的能人现象。中国社会中人们之间协商的达成很少采用真正民主决的方式。这里的民主决，指的是少数服从多数。而中国社会常见的现象是，十个人投票，六比四，那么四个处于少数地位的人就离开自建组织，而非服从迁就占多数的六人的意见。中国最常用的达成一致的方式是共识决，也就是大家都同意，"鼓掌通过"。这种共识决，听起来很难实现，因为需要所有人都赞同，然而实际上在中国往往是通过几个"能人"促成。这里的能人指的就是人群中能力较强，并主动出来组织众人和协调大家的少数个人。事实上，中国人正式的投票和协商过程往往不那么重要，而是功夫在投票之前。在正式的投票仪式开始之前，能人已经进行了大量的沟通协调工作，或是用影响力说服他人，贯彻自己的想法，或者调用多方资源来"摆平"异议者。能人往往会在正式会议开始之前就努力判断每个人在这件事情上的兴趣点和利益点，并通过必要的沟通、必要的妥协对整件事情形成合理的安排和分配。到了正式会场上，最终提交的方案实际上已经是经过多方折中妥协的结果，因而较为容易达成共识。

中国自组织中的这种决策方式有其合理的一面：由能人主导的自组织往往较有效率，而且因为避免了集体决策中责任分散的弊端，更容易形成高质量的决策。然而，能人主导造成的另一种结果是自组织很容易变性成为能人的"班底"，能人成为众人中间的"小霸主"。

我观察到的第二个特点是，自组织过程中，政治精英和社会精英必须合一，这样自组织才比较容易成功。这个现象可以用奥斯特罗姆所说的宪法规则来解释。在传统中国皇权和绅权的二元结构中，作为地方精英的士绅往往是退休归乡的官员，与官场有着千丝万缕的联系。这是因为政治权力经常会有自我扩张的倾向，会插手自组织事务，以攫取其中资源。这时候，自组织的领袖必须有足够的能力调用上层资源来对抗政治权力的干预，这样才能保证自组织的权力不被政治强权干扰。也就是说，一个自组织的宪法规则——确定集体行动的目标，可以自订而不需要由上级政府安排，会受到政府权力的干扰，中国人十分善用人际关系网络来保护这些宪法规则不受干扰。

其实，即便现在也还能看到类似的现象。企业往往喜欢举办一些研讨会，或是大张旗鼓地举办慈善活动，并邀请高层政治领导参加。然后，企业领袖会邀请政治领导合影，并小心翼翼地将合影放大悬挂在显眼的位置。这种行为实际上就是为了取得政治精英背书，表示自己可以获得足够的保护。而对于乡村自组织而言，当自组织领袖就是村长、村支书本身时，这个自组织的事务就较容易推行。而当政治精英和社会精英不合一时，两者间常常会相互掣肘，造成发展不顺。

第三个特点是，人情交换在中国的自组织中发挥了很大的作用。我挑选 Y 村作为重建试点的一个重要原因是 Y 村当时仍然保留着较多的传统。Y 村在地震之前刚从山上迁到山谷地区不久，交通的阻隔使它受到市场经济和现代文化的冲击相对较少。Y 村就保留着一个历史悠久的传统——换工。遇到农忙时节，家家户户都会用换工的形式进行劳作，这样村民可以在最短的时间做完最多的工作。这种换工互助是以对等的劳力进行交换，而不是货币交换。例如，今天你帮我家修房子，农忙时我又到你家帮忙。正是这种换工传统使得 Y 村的村民能较容易地组织起来，形成合作建房的自组织。中国的文化一直很强调施恩和报恩，"天道好还"、"不是不报，时候未到"。施恩和报恩的实质就是人情交换。而中国人情交换的特点是，还的周期可能非常长。有名的例子是"结草衔环"，为了报恩等三十年也不算晚。此外，对于施恩的人来说，最后偿还人情的可能未必是最初欠人情者自己，也可能是他的子辈、孙辈，或其他相识的人。即便是欠人情一方的整个家族都无力回报这份人情，他也可能经常感念施恩者的帮助，经常在外为其传播美誉。于是，当施恩者需要帮助时，众人都知道这是一个重情谊、可信赖的人，因而都乐于伸出援手。这样，当初的"恩"实际上也以另一种形式得到了回报。中国的人情交换是不能在短期内计算清楚的，而是一种长期的智慧。现在理性经济人的人性假设强调的是一时一地的交换，精明算计短线利益，和中国人的传统智慧十分不同。

第四，中国自组织中还有一个重要特点，就是强调"均分"。由于自组织是成员自发形成的共同体，其内部的公平感就显得尤为重要。中国社会中自组织内部的要求就是"利益均沾、见者有份"，只有这样，成员才会有公平感和归属感，否则就很容易离心离德。Y 村重建前期，村民合作建房的自组织进展很顺利。这恰恰是因为 Y 村的自组织领袖——村支书重视均分。Y 村的村支书在地震中曾被石头砸伤，昏迷三天，是被直升机运送到医院救治后才逐渐好转的。因此，他康复后带着感恩图报之心，卖掉自己的车子以援助全村重建。支书的这种大公无私的举动也赢得了村民的信任，村民因而纷纷响应支书的自组织号召。

然而，在重建的中后期，一些因素打破了 Y 村这种均分的平衡状态。这个时期，政府将村落建设的公共工程（如铺路、下水道工程等）外包给村里的几个能人。由于这些工程通常利润丰厚，村民也想要分一杯羹，纷纷要求成为工人，这就造成了精明算计的包工头的不情愿，为了节省开支而不愿分出收益。在这些因素的影响下，Y 村的合作建房逐渐散失人心和变得无效，村民都开始懈怠拖延，处于半停工状态。自组织的维护需要均分，一旦这种均分和公平感被破坏，原来的信任不再，自组织也就难以运行下去了。

最后，我想讨论一下政府在地方自组织发展过程中的作用。地方政府可以扮演很好的引导角色，如果其角色从引导变为主导，则自组织很容易被破坏。由于 Y 村建设后期处于半停工状态，政府的加入有效地重新启动了重建的过程。但为了配合部分捐款单位的公关需求，政府设定了完工时限，并不得不派出施工队帮村民建设，强制限时完成。这种方式造成村民等、靠、要的心理，他们发觉自己不动，反而可以得到更多的援助。少了主动精神与志愿者精神，自组织就瓦解了。

事实上，政府以鼓励和引导的方式介入，对于自组织来说是有利的和必要的，然而用强制力量推行政令则很容易破坏自组织的规则和环境，容易起到反效果。日本的"一村一品"运动中，发起人平村守彦曾说，政府主导的都会失败，只有村民自发、政府诱导的才成功。政府不应该试图主导地方的自组织，但可以加以引导和诱发。日本的"一村一品"运动，就是在农村凋敝的情况下，政府鼓励年轻知识分子下乡，引导村民思考自身特点，寻找到适合当地的发展道路。台湾也有很多类似的例子。台湾的桃米村就是在9·21大地震后，由年轻知识分子下乡创业，在一个名叫"新故乡基金会"的NGO帮助下，建立了地方上的旅游合作社。现在桃米村以青蛙观光旅行为特点。台湾是世界青蛙宝地，而桃米又是台湾青蛙的集中地。桃米的村民就利用这个特点发展农家乐，自发成为导游，带领游客观看各种品种的青蛙。在这个过程中，政府只是发挥了大方向的引导作用，而没有越俎代庖，过分干预。

第七讲／从家族企业到企业家族

这一讲我最想谈的一个观点是，中国是一个关系社会，行为结构的基础有其两千多年不变之处。但随着两千多年来社会发展，越来越大的城市出现，越来越多的社会流动，中国人会改变其关系的内容与发展的方式，以适应不断发生的社会变化。演变实际上是"换汤不换药"。

中国社会的关系的基本结构一直是保持不变的。例如，治理是自组织为主或者层级制加自组织方式；自组织来自中国人的圈子现象，而圈子又是差序格局关系网的结果，其规范会有一套人情交换法则；这一套人情交换法则又来自家伦理本位。而这一切随着儒家思想的深入人心，成为中国人行为的准则。这些关系的底层结构没有改变，然而常常改变的是中国社会中"关系"的具体内涵，也就是什么样的人会被视为"家人"。

一　关系内涵的历史沿革

上古中国号称"万邦",一个氏族就可以成为一个小封国。周天下则号称天下共主,也就是众多小封国共同服膺一个君主。春秋初期,中国仍有三千余封国。这些为数众多的小国在相互争斗中逐渐合并,到战国时期,主要就是七个重要的封国,号称战国七雄。秦朝则更进一步完成了大一统。在这个过程,"家"和"国"的含义及范围一直在变化。汉朝在董仲舒的主导下建立了儒家家伦理本位的关系系统,"三纲五常"、"君君臣臣父父子子"的秩序在这个时期开始确定,臣子侍奉君主就像儿子侍奉父亲。这些变革实际上是将君臣关系也纳入了家人连带的范畴。

从汉朝末年开始,结义现象兴起,"桃园三结义"成为人们广为传颂的佳话。由结义形成的拟似家人的现象越来越多,在两晋时期更是达到高潮。两晋时,各大士族的势力强大,东晋皇帝的重要人事命令甚至需要获得几大家族认同才能通过。士族不仅垄断仕途,而且拥有庞大的庄园经济,收养流民成为佃农。出身寒微的读书人可以通过"投帖"这条渠道与大士族结成关系。

认养制在唐代最为发达。安禄山号称有三千义子,都是其收留的胡人孤儿,这些义子后来成为其造反的铁军。关于认养制另一个著名的例子是李克用和十三太保的故事。十三太保就是李克用收养的十三个义子，他们对李克用忠心不二，并最终帮助李克用的儿子李存勖打下了江山。唐朝这种盛行认养的风气在现代的日本仍然可以找到痕迹。日本很多大型的家族企业都有收养义子承担企业要职的习俗。

中国"关系"含义变迁最大的时期，一是在春秋战国之间，另一个则是在宋代。宋代的中国社会出现了一个很大的变迁，商业贸易发达，工商业税收所占比重首次高于农业税。高度发达的商业和贸易使得社会流动性加大，原来传统的家庭和社会形式受到冲击。在这种背景下，范仲淹开创了义田制度，以重新凝聚宗族组织。义田（包括族田、族山、族林等）是属于整个宗族的财产，通常由宗族中最有钱的家庭出资购买。为了防止族田被私有化，通常规定族田不得由本姓人耕种，而是雇用外姓佃农耕种，所收地租则作为族产供宗族使用。但随着时间推移，宗族的人员逐渐发生变动。原来的大宗族可能家道衰弱，人丁变得稀少，而原来的佃农数量则慢慢增多，并且逐渐融合成村子中的一部分。在这种情况下，宗族的含义发生了变迁。共同居住在一起的几姓家族可能追溯寻找共同的祖先，从而合并成同一宗族，合祠祭拜。张小军教授将这种现象称为"自造的宗族"。在这种情况下，宗族的含义发生了变迁，它所包含的范围并不仅限于有真实血缘关系的人群，中国的关系网进一步扩大。在之后的商业发达过程中，这成了乡亲的基础。

到了明代，中国出现越来越多的商帮。"相与"变得越来越重要，中国进入另外一个时代。所谓相与，就是世交，这一代是好朋友，下一代可能就结成儿女亲家，后面的几世都仍维持着好友关系。相与欠钱如果无力偿还，是可以叩几个响头就免债的。叩头表示的是"我记下了这份恩情"。

宋明之后，因为工商业发达，城市生活进步，朋友变得越来越重要。宋代中国突破了一亿人口，明末达到两亿，清朝中叶则达到四亿。这段时间生产技术并没有大的突破，然而管理技术的改变，带来了生产力的大幅提高，这就是美国学者尹懋可所说的"无技术改善的经济增长"。这种管理技术的革新，具体而言，指的就是由大货商连接小货郎、小货郎连接各个家庭作坊、男耕女织、前店后厂的方式，这种方式成为今天中国企业组织以网络式结构为主的先声。城市化也是这个时期的特点。不过这种城市化并不同于今天的大城市，而是体现为众多繁荣的小城镇。小城镇成为走街串巷的小货郎们的聚散地。人口流动和都市化都使得朋友变得越来越重要，对"义"的强调和关公崇拜也从这个时期开始盛行。

中国到了现代又发生了一次关系上的重大改变，这是我在做外包治理的田野调查时渐渐感觉到的。我比较了台湾传统企业（纺织）和高科技企业（PC 制造）的网络模式，结果发现两者的网络模式存在明显的差异。首先，关系来源在 PC 产业中已不具有情感连带性质，改之以市场上公开征求得来的伙伴为主。其二，由于信任不再来自人情或日常生活的社会互动，而是来自一次又一次的合作、慢慢培养出来的默契，所以关系动态上，无论控制机制、日常管理或是关系检讨都是比较制度化的方式。

现代中国人关系的一个很大不同是，关系越来越不可能来自乡亲宗族，而是更多来自朋友；而朋友又越来越不可能来自乡亲、世交，而是更多由陌生人发展而来。外包商的来源主要有两种：一是公司主要设计师的同学、同业，他们通常会认识一些相关的人，能够推荐外包商。第二种则是正式制度加上非正式制度，先是在各种团体中——比如球友会、工商联、台商协会等，向熟人打探外包商的质量和声誉，并请熟人推荐；在推荐之后，再结合正式制度，派评估团队下去评估外包商的质量和可靠性，最终决定是否合作。简言之，这是一个运用正式治理加人情的过程。

外包的双方虽然开始时并不相熟，然而只要觉得对方可以信赖，渐渐地会开始更多的合作。一方面，在外包过程中，如果买方发现有更加便宜的外包商，通常不是立马更换，而是与原来的外包商协商，在需要时甚至自己去辅导外包商降低成本，以帮助其降价，尽量维持原来的合作关系。另一方面，只要外包商表现得可以信赖，外包的量常常会越来越大，占的比例越来越高，买方常会给出更多的生意。外包商的业务可能会从机壳发展到其他的合作，甚至联合成商帮，共同组团投资，例如台商、温州商帮都有这种情况。

这种现象造成的结果是，企业在达到一定规模后常常会形成"上层级、下网络"的形式，或企业外围合纵连横地形成一大堆外包网（即内层级、外网络，有很多企业两种都有）。外包商彼此之间有时也会相互联系，平行外包，以快速响应多变的需求。最后，逐渐形成商帮，一起投资，甚至参与游说政治。

第二种结果是，中国人越来越重视跟陌生人依据其可信赖行为建立关系，从外往内发展。因为交易越来越频繁，专业性越来越高，人们很难从内往外从乡亲、世交、朋友中找到合作伙伴。关系从外往里拉，陌生人逐渐发展成一般朋友，做越来越多的人情交换与交易，继之发展成熟人、圈内人，这样使得合作伙伴的选取不会被限制在太小的范围。西方人倾向于将各种需求切分得越来越细，尽可能变成短期的、较不复杂、确定性较高的交易，最后采用市场方式进行。与之不同的是，中国人一旦建立信任，会倾向于使双方之间的合作内容和方式越来越复杂，越来越多样化和长久化，最后采用自组织和网络的方式来进行。

二 关系的动态发展

一般情况下，熟人连带存在于好友间，如上所述，可以由陌生人，而非宗族、乡亲的成员渐渐发展而来。但中国人常常联合家族成员，基于共同利益进行强工具性交换。例如，在中国人家族企业中，父子、夫妻和兄弟往往成为事业上的合作伙伴。而从家族成员间所产生的熟人连带不同于由认识之人发展出的熟人连带，因为前者蕴含着更多的情感性交换与更高的道德准则。相反，社会学者杨宜音认为，由家人连带发展出的熟人连带与单纯的家人连带相比，情感依附性相对较小，因为个人利益的理性算计与讨价还价会削弱情感性关系间的感情。另外，本土心理学者黄光国认为，中国人倾向在发展强工具关系时，同时升级情感关系，一般认识之人很多事是做不了的，所以要将其提升情感成分发展成熟人连带，这样才能进行更强的工具交换。

我综合黄光国和杨宜音的观点，提出工具性与情感性二维构面下的中国人关系分析架构，并将每个维度再分成强、弱两类关系。按工具性和情感性这两个维度建立起来的四种关系类别模型如图8所示。

在此模型中，中国人的关系可以在工具性与情感性两维度内进行阐释。情感性与工具性为两轴，工具性维度以公平

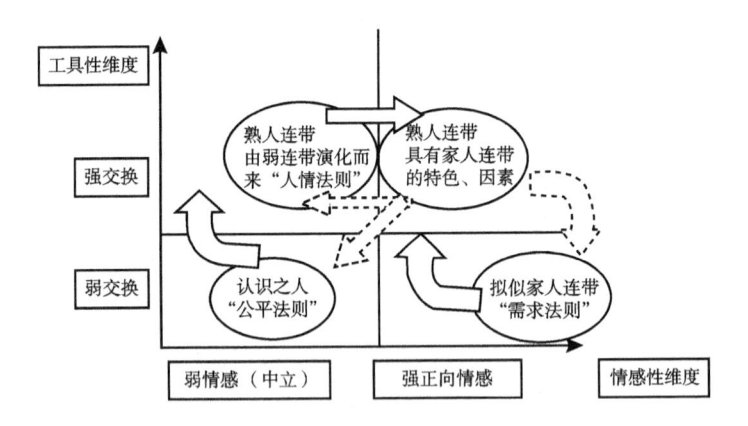

图8 人际关系改变路径示意图

交换法则为特征，而情感性维度则依据需求法则而行。左下角的关系是认识之人，遵循公平法则；右下角则是拟似家人连带的位置，注重需求法则。熟人连带，则结合了上述两种类型的关系，适用兼顾性的"公平"和"需求"法则，即人情法则。在上述模型中有两种不同的熟人连带。那些产生于认识之人的熟人连带位于左上方并靠近垂直横轴的中位线，它通过人情法则，实现一定的工具性交换，并建立起更加深厚的情感关系；相反，由家人连带演进而成的熟人连带位于靠近垂直横轴中位线的右侧上方，反映的是随着工具性交换的增加，拟似家人连带的情感性相应降低的假设。

所以图8中实线说明了关系改变的可能轨迹。建立一种具有家人连带色彩的熟人连带也是具有很大风险的。首先，维持这种关系需要花费很大的情感与工具性成本。其次，这种关系一旦撤离，便很难再进入纯情感的家人连带，甚至连认识之人连带都难以为继，而形成一种交恶的负向连带或无连带。而图中虚线箭头则表示不存在此种关系的转变。

那么中国人是怎样动态改变这些关系的呢？

（一）从陌生人到认识之人：九同与认同

下面我们以几个观察个案说明这些关系转变的轨迹。

CL实业公司的企业负责人依附于大学将企业虚拟化、使企业转危为安的过程充分展现案例是如何通过"认同"建立起认识之人连带，并通过工具性交换使之发生作用的。

CL实业公司属于环保产业，成立于1994年，主要产品是大、中、小型餐厅用之各式油水分离截油器，工业用之矿物性/轻油脂油水分离设备以及高速厨余发酵机。CL实业有自己的加工设备，员工大约12人，每年固定的营运成本大约600万~700万元，经营至2000~2001年时因为不景气以及沉重的银行贷款压力而入不敷出。但企业负责人本身是一个非常用功、愿意学习新知、脑袋灵活、善于结交朋友的人。他结交朋友的方式十分特别，他乐于分享自身的各种专业知识与生活经验给对方。MZ科技大学的教授辗转经由台塑（CL实业是台塑的合作公司）得知个案企业在发酵机上的专业，进而向个案企业负责人请教有关厨余发酵机的专业知识。基于两人对环保技术的共同志趣，个案企业负责人将自己所学所知无私分享，两人越谈越觉得有共同合作的可能，于是两人一起合作研究。之后在两人的通力合作下，他们还获得500万的研究经费补助。

九同之外其实还有一个很重要的关系来源——共同朋友，可以称它为第"十同"。中国人在拉关系时最常用的一个句式就是："你认不认识某某某，我和他可是××年的好朋友……"可见共同朋友是建立最小信任的好渠道。

我们都有当介绍人的经验，把自己的一个朋友介绍给另一个朋友以促成他们之间的一次交换。介绍人扮演了两个重要角色，一是集体监督者，介绍人可以变成调解人；二是担保人。

CL实业公司进行企业虚拟化的时候,在该教授的引荐下,企业负责人与MZ科技大学的育成中心迅速接洽。该校为CL实业公司提供良好且宽广的办公环境设备、研究实验场地与庞大的研究人力。后来MZ科技大学的餐厅也采用了个案公司的油脂截流器,这让个案公司与大学之间形成工具性交换带来的双赢局面。在台塑与MZ大学的双重加持下,个案企业负责人在对外营销时有了"集团与学术"的背景,可以加强说服力。虚拟化转型后,该公司每年的固定成本大幅下降至70万~90万元,营运3年后不但将先前的负债全数还清,公司毛利率亦提升至20%~30%。

另一个个案,SF科技公司于2001年成立,专营高科技无尘室的设计与监造,其客户遍及两岸,包含:友达、胜华、华邦、甫祥、合盈、康宁、厦门—甫讯、苏州—联建、东莞—万事达、无锡—华润。公司的发展源于一笔仅八万元的订单。这笔订单的由来,以及之后公司业务的壮大正体现出企业负责人善于发展人脉、建立关系的能力。SF科技公司的企业负责人原来经营旅行社,一直有打羽毛球的习惯。通过这种以球会友的"同好"关系,他交友非常广阔。2001年一位任职于胜华科技并与他结识三年的球友向他提及公司内有一个小工程,问他要不要转行做做看。此时正值科技泡沫的年代,人们财富大缩水,旅游意愿低,旅行社不易经营,他也正想转行,于是与其任职于专业空调公司的胞弟,共同成立SF科技有限公司接下由这位球友介绍的第一笔胜华的订单。当时胜华亦在建厂时期,经常是三天一个小工程五天一个大工程,个案企业负责人几乎每天都要在胜华公司待上半天,合作到后期胜华可以说给他一个"专属"的小办公室。SF科技负责人原是经营服务业,深知服务客户与客户满意度的重要性,因此他将服务质量的观念与做法导入,亲自监工,不但施工品质良好且随传随到。他很快以胜华公司工程外包商的身份与"同行"(同业务范围)的胜华工程部的多数员工及小主管建立起连带关系。

由上述例子可以看出,关系不够,中国人不会轻易当介绍人,因为介绍人是要负担部分风险的,所以介绍也可以看成是一种人情交换的项目。以下就让我们来讨论熟人连带和人情交换。

(二) 认识之人发展为熟人连带:报与人情法则

认识之人变为熟人的过程靠的是人情交换,其间常伴随仪式性行为,比如双方经常下班一起吃饭,互相以"哥们"相称等。然而,这种情感性行为在中国社会常仅是一个表态,只表达出"我邀请你成为哥们、姐妹"之意,但此时双方还不能算是真正的熟人。真正从认识之人转化为熟人,必然伴随着大量的人情交换行为。前面已经提到过人情交换行为具有几个特征:首先,它是一种人情债,给的人不能说,受的人不能忘;第二,它是一种长期进行的行为,总在不断地施人情和还人情;第三,它不能清账;第四,它具有高度资产专属性，总是为了满足个人提出的紧急的、特殊的需求，如提供关键资源、帮忙"做面子"和"捧场"等。

"做面子"在中国是一件很有趣的事情。举例而言，商人往往喜欢邀请当权领导出席会议，或者是寻求与领导的合影，再把照片挂在自己办公室里。邀请领导出席会议，或者与之合影，实际上意味着得到领导的"背书"。这是典型的做面子行为。做面子往往还需要"还面子"。当领导或领导的父母过生日时，他往往会操办盛大的宴会，邀请各方人士前来祝贺捧场，以此证明自己的人脉宽广。实质上这就是一种人情交换行为：此一时，我帮你做面子，证明我是你的人脉；彼一时，你帮我讲几句话表示支持，来捧我的场。这就是人情，虽不可明确计价，却要求在长时间内以某种方式偿还。

我试图提出的C理论，最主要强调的就是这样一个命题：中国人始终试图将短期的交易行为变成长期的人情交换行为。一旦关系建立，人情交换的范围往往就会变得越来越广。西方倾向于短期交易，中国人则倾向于长期合作，并且人情交换的第五个特质是其交换范围极广，交换内涵非常丰富。举例而言，一群商人，最初可能只是简单的合作，比如张三从李四那里购买纱线。然而，随着关系加深，他们的合作很可能不仅停留于此，渐渐地张三厂里所需要的纽扣也可能从李四那儿购买。他们有可能结成长期合作，共同进入一个商帮，逐渐发展到共同投资、共同炒房，甚至合作开展政治游说行为等。

所以说，当进入熟人连带时，情感行为仅仅是仪式性的，是一种象征性的邀请。而只有在有真正实质利益交换时，关系才会越来越巩固。当找不到交换原因时，熟人也就变得越来越生疏。时隔多年再相遇时，彼此在情感距离上仍很亲近，却会很难再找到共同点，尤其是利益共同点了。

下面我想用几个例子来解释从认识之人发展为熟人连带过程中关系管理的过程。CL企业主在某次机会下结识了一制作高级编织纸的老板，其产品令人惊艳，可以有非常多的应用。个案企业主同样地对其"知识分享"，告诉该老板还可以开发的商机，使其增加许多收入。两人由陌生人逐步变成认识之人。其后的一次"人情交换"，使两人关系更近一步。一家六星级酒店开幕时邀请了一位高层领导莅临剪彩，酒店高层为了礼物的包装伤透脑筋。CL企业主知道后，利用该老板公司的高级编织纸制作了礼物的包装盒以及手提袋，送给酒店高层。当天在场的人士无不对这包装感到赞叹，事后纷纷询问，这质感如此精细的包装与手提袋从何而来。CL企业主不仅作为介绍人为高级编织纸的老板获取了商业机遇，并且为他积累了业内口碑与高层关系。在如此正向的人情交换循环下，高级编织纸的老板与个案企业主形成了良好的熟人连带，两人不仅私交甚好，并且有很多生意上的合作往来。

而在SF科技企业主身上，熟人连带关系的建立更体现出人脉选择的智慧与技巧。在个案企业主经营公司两年过后，台湾的中部科学园区成立，许多大厂纷纷到此设厂。当时台中的高科技厂商极少，胜华已属台中本地的高科技大厂。许多到此新设厂的高科技公司凡是需要无尘室专业人才的，就向胜华公司高薪挖角。而这些与个案企业主交好的员工便如春天的花朵般到处开枝散叶成为新设厂公司的要角，甚至也有人转战大陆市场。这些平常就交好的朋友当然就纷纷介绍新设厂公司的工程给SF科技，SF科技的营业额不但以倍数增长，生意更是遍布两岸。上述看似平顺的过程，隐含着许多个案企业主经营人脉的独到哲学。第一，门当户对式的人脉培养术：人脉培养要由"中层"甚至是"基层"中着手而不是巴结"上层"，联络上层可以得到立即的实惠，却很难建立长期的熟人连带。个案企业主表示，高位者身边早就不乏巴结奉承之人，他也会觉得这些对他好的人是有企图的，更会把所有礼遇视为理所当然，所以一般人去凑热闹是占不到好处的。这正体现出与位高权重者由无连带到认识之人再到熟人连带过程中关系建立的艰难性。但是下位者就不同了——缺乏资源又需要表现以向上爬升，因此SF科技企业主对下位者非常礼遇。除了平时请吃饭，过年、过节送送小礼外，只要这些人遇到工作上难题，SF科技企业主一定尽全力帮忙解决，让这些人对长官与公司有很好的绩效表现，以此积累个人的盈余式的"人情账"。

第二，让人脉对自己产生依赖。SF科技企业主非常重视服务品质，只要是自己的业务范围，一定面面俱到让对方完全信任。久而久之，这些人便对SF科技企业主产生依赖感，一遇到问题马上就想到他，就想找他来帮忙解决。SF企业主接单自然而然就会非常顺利。而后这些下位者升官了或是跳槽了，都还是非常具有革命情感，信任并依赖他。经营这么多年下来，当中更有许多人居于高位，SF目前更是无往不利。

或许有人会质疑小角色的能力与权力，认为他们无法决定重大事情，培养熟人连带对未来有利，但现在的生存怎么办？SF科技企业主亦不否认，但一家公司不是只有大生意。大订单当然是上位者主导居多，但大订单往往公开招标，大家比价格比成本，金额大但是利润很低，接大单子不见得有利；而小生意小单子金额低但是利润往往较高，并且这些信息大部分就由小角色掌握。所以他掌握了大量的小订单信息，等于是蚕食鲸吞般地做生意，长期下来利润也是非常可观。

（三）从熟人到家人

要想从熟人再进一步成为"家人"，就更不容易了。毕竟已经有了"曰利"的交换关系，想转换成"不计其利"的需求法则下的家人连带，除了要在情感上加深加厚外，往往还要有一定的仪式行为，借以将关系植入社会规范认可的"家族"场域内。一般而言最重要的三种仪式行为是联姻、认养与结拜。

从熟人连带发展到家人连带，中国自古以来有三种途径：第一是联姻。历史上的"指腹为婚"，就是为了拉近两个家族间距离，使得大家都成为一家人。第二条途径是认养。这在唐代最发达。在保留了大量唐色彩的日本，认养现象至今仍然很发达。第三条途径，也是中国后来最盛行的方式，就是结义，通俗说法就是"拜把子"。结义现象最发达是在宋代。工商业繁荣的宋代，晋商由于经常走南闯北做生意，因此很重视"出外靠朋友"的理念。此时，关公由于其仗义精神开始逐渐被晋商崇拜，这逐渐发展成为更大范围的关帝崇拜。这里所说的家人，由于并不限于同宗、同姓、同袍，我将其称为"拟似家人"。与真正的家人类似，拟似家人之间适用的也是需求法则。

前述说到，第一个案公司已经转型成为虚拟企业营销平台，专攻设计与服务，但一个制造加工全数委外的虚拟企业，是如何控制产品质量、交期、成本与服务的呢？我国中小企业之间的合作网络所创造出的弹性与低成本举世闻名，但美中不足的是中国中小企业合作网络之间的忠诚度不如日本企业那样高，经常是成本考虑优于一切，哪家便宜就跟哪家合作，大家陷入杀价的竞争，毛利率越杀越低，即使存活下来亦是苦撑，赚不了大钱。

该虚拟企业有一名合作的外包商，技术优良、交期准确、为人诚恳、勤劳朴实，是其众多外包商中合作最多、最密切的厂商，但相对的外包成本较高，质量却最好。此外包商有一个学音乐的女儿,长得亭亭玉立,一直是该外包商的骄傲。在该外包商女儿硕士毕业时,外包商拿了他女儿毕业音乐公演录像的 DVD 与个案企业主分享,个案企业主看到此女如此落落大方、气质涵养俱佳,心中对其亦是赞誉有加。就在三年后一次世贸参展会上,个案企业主的小儿子与外包商的女儿相识。之后在个案企业主大儿子结婚的喜宴上,该外包商也见到了个案企业主的小儿子,觉得个案企业主的小儿子应对得体、成熟有礼,而两人也都无交往的对象,所以就在双方家长的祝福下交往,顺利地进入礼堂。

上述这个由认识之人变成熟人连带,再进入家人连带的经营共耗时 4 年,除了缘分使然,亦可见个案企业主在经营关系上的耐心。可预见的,在未结成亲家前就合作密切,结了亲家后,该外包商更是成为个案公司的专属外包商,连售后服务都外包给亲家,个案公司也顺利转型为高毛利低成本的营销平台与设计服务公司。当然,联姻在今天已经不太常见,更常见的则是"拜把"。

我们前述曾说拟似家人关系建立起来难,撤出也会付出巨大代价。此点完全体现在双星集团上。该集团在 2008 年 4 月爆发了一场"老爷子"汪海与其昔日的"干儿子"刘树利、"干女儿"韩俊芝夫妇的产权纷争。

毫无疑问,汪海为刘树利夫妇构造出了一个温情而有效的拟似"家"的情境,前期赋予他们高权责的内部承包权,使得他们的个体利益的实现已大部分脱离集体的约束,但新的市场重组改革是突如其来的釜底抽薪式的全面收权,让他们有被剥夺感、不平等感,这些感觉超越了集体归属感。因此双方苦心经营起的拟似家人连带与信任关系破裂,双方不仅无法再成为合作伙伴,甚至以市场竞争者的姿态不断发起口水战与价格战,连正向的连带关系都无法维持。

中国历来强调"亲兄弟,明算账","丑话讲在前头"。自组织机构如果缺乏有效的治理机制和权力平衡,也很容易出问题。这再次看到治理自组织要礼法并治,双星就是法治跟上得太晚,所以成为失败的案例。反观日本稻盛和夫的阿米巴经营,则有一套相应的部门核算制度以及会计报表,中国香港的利丰集团则在现金流与资料库及培训制度上有十分成功的制度建设。在中国,自组织的成功必须制度先行,"丑话讲在前面"。

几种关系中,熟人连带的存在尤其值得重视。正是这种关系的存在,使得中国人重视长期性的关系合约,而非短期性的交易合约。这个特质最终又形成了中国管理的本质。在对比高科技业与相对传统的一镇一产业(如小机械业或纺织业)的过程中,我发觉在全球市场里以及技术门槛相对高时,乡亲、宗族或原本就熟悉的朋友变得越来越不重要,反而是经由熟人介绍的生意伙伴而逐渐发展起来的熟人连带变得十分重要。

第八讲／中国管理的本质

一 中国的管理哲学——中庸

中国自古以来有一套管理哲学。一些学者喜欢从《易经》中去谈，我则喜欢用《中庸》。当然，《易经》和《中庸》其实是一脉相承的，都体现了中国人传统的思维方式。中国人思维的一个最大特点在于中国人看所有的东西都并非孤立的，而是将其看成一个复杂系统——太极图就是系统论思维的典型代表。这个系统一个很重要的特点在于它并非一元的，而总是阴阳并存。以太极图为例，图里黑中有白，白中有黑，黑白无论如何此消彼长，总是保持着并存共生的状态，而不会变成统一的灰色。如果系统中只有一种颜色或一个声音，那么这个系统也就死亡了。失去相生相克的不同因素，系统就失去演化和发展的动力。因此，中国的影视作品的结局往往与西方的不同。西方社会崇尚的是正邪之间的对立清清楚楚，影视作品往往以英雄杀死恶人、正义彻底战胜邪恶告终。然而，中国的影片和小说，通常会有的结局并非是英雄杀死恶人，而是包青天一样的长者感化了不同的人，用教化使其自愿悔罪认错，一切复归于和谐状态。中国社会崇尚的是和而不同，多元并存，各种不同的元素间相互联系和作用，这样才能生生不息。

理解了中国人系统论的思维方式，我们才能真正理解"中庸"的内涵。中庸是中国人崇尚的最佳状态。然而，中庸之道并非只是简单的折中之道。西方将中庸翻译成中间之道（the Doctrine of Mean），绝对是误解。中庸并非统计中的均值，不黑不白、不好不坏的中间状态。不黑不白，一片灰色，不左不右，中间路线，所有人既不赞同又不反对，那是平庸之道，最后会是不上不下，十分尴尬。那样的系统是死气沉沉的，缺乏生命力。真正的中庸之道，应该翻译为动态平衡之道（The Doctrine of Dynamic Balance）。它恰如太极图所展示的，是黑白并存，此消彼长，彼消此长，而又生生不息的动态过程。因此，中庸之道的核心内涵是包容差异，兼容并蓄；我既坚持原则，又给对方留有余地和空间，保持多元声音，又保持联结互动，相生相克，其目标是永远在各种元素之间保持动态平衡，这就是生生不息的道理。

用《中庸》中的系统论来看待中国的组织，就能够得出这样的结论。

首先,中国的组织是一个有序的、开放的复杂系统。

其次,这个系统是多元的,组织中总是具有很多自组织的单位,最高的管理境界则是"无为而治"。

再次,组织中是多元并存、相互补充和相互平衡的,不会出现一方独大的现象。

最后,位差创造连接,连接接来位差。组织内部多种不同的元素之间相互连接,这种连接带来了系统内不同元素之间的沟通和流动,从而带来了系统的变动和发展。这个系统不会因连接而趋同,最后大一统,否则系统也死了。这个系统也不会因为位差而断了连接,连接断了,就各自分散,导致失序。

中国管理哲学正是要处理这样一种复杂网络系统的架构,使得中国组织能够生生不息地不断发展。

辉映着中庸之道陈述的中国管理本质,本土社会学的研究其实也指出十分类似的结论,荦荦大端者有如下几项。

(1)无为而治:重视自组织。皇权不下乡意味着皇权懂得自我节制,而给出空间让以家族、宗族为单位的自我管理发挥作用。

(2)礼治秩序:非正式规范为主,正式法规为辅,法与礼并济,法律与人情同时照顾,以追求无讼的社会。

(3)差序格局关系网:这是中国人自组织的来源,其特征是关系导向,以家伦理为核心层层向外。

（4）长老统治：多用教化权而非横暴权力，教化先于奖惩，恩、威、德并济。

（5）皇权与绅权的平衡：由上而下的层级权力与由下而上的自组织权力协调与平衡，管理好两者之间的界面。

下面分别加以介绍。

二　中国管理的特征

（一）自组织

《中庸》里的中国管理智慧首先体现为对自组织的重视，中庸之道文章最后谈的管理理想就是无为而治。所以我们可以强调，中国组织富有效率最主要的秘密，实际上就来自自组织：给你"裂土封侯"的机会，给你一个建立自己"家"的机会，能够把一群你的熟人、有关系合约的人建成一个拟似的家，让你能够有一片天地去驰骋，拥有自己的努力成果，并和你的圈子成员分享成果。这才是中国整个组织效率的最主要来源。无为而治是一种智慧，它同时也是一种信任别人的气度，敢于放权的高度，会带来网络式的组织结构。最后在中国的环境中会收获最有效率的组织。

由于中庸之道反对任何一种权力独大，扼杀其他力量发展的空间，因此《中庸》提出："声色之于化民，末也……上天之载，无声无臭，至矣！"意思是说，用各种强制手段去管理人们,那是末端。真正好的管理,并非一味自上而下控制,而是"无声无臭",让人们进行自我管理,自然自发地形成秩序。当然,这种"无为而治"的状态,只是传统中国最高的社会理想,事实上从未完全实现过。

尽管自组织并非是在中国首先提出的概念,也非社会科学家提出的概念。社会学家谈社会上的自组织,常用社区、社群,管理学者谈企业中的自组织常用的是它的结构形态、网络,但自组织却正是中国组织现象和中国管理行为的核心内涵。中国组织中总是充满了各种独立单位,在内部如挂靠、承包、独立团队、内部创业,在外部则有商帮、外包网络、小企业集群、一镇一产业等。那么,为何会这样?现实中大量的自组织现象实际上源于中国人传统的文化心理。中国人普遍存在一种"宁为鸡首,不为牛后"的心理,为了取得自组织的机会,中国人可以很努力地工作:加入别人的圈子,帮别人"捧场",累积自己的人脉等。聪明的老板会利用这样的心理,也知道适时承认员工拥有"一亩三分地"的权力,使之成为员工最强烈的工作动机。不明此理的领导总想控制、操弄,不给员工自组织的机会,结果圈子就变成派系,内斗内耗、上有政策下有对策,甚至造反篡位。

中国人的这种心态造成了中国组织中容易出现富有活力的独立小团队。小团队内部及彼此之间相互联结,又进而形成网络结构。自组织和网络结构,正是中国企业弹性和快速反应等优势的根源。

（二）关系管理

我们会发觉，做好自组织的治理，主要就是做好关系管理。关系管理的内容在《中庸》中也有很多体现。"天下国家有九经"，谈的其实就是领导者应该管理好自己与大臣、庶民、诸侯等各方面的关系。其次，为了做好关系管理，《中庸》谈君子之道四，要我们己所不欲勿施于人，这是德行领导的明确体现，要求领导以身作则德育天下。

关系管理是中国管理的一项重要内容，然而究竟什么是关系管理则并没有严格的学术定义。这个名词往往容易使人产生错误的联想，以为关系管理就是拉关系、行贿赂、走后门，是歪门邪道的那一套。实际上，我们想要讲的关系管理绝非大家心目中的拉关系。刚好相反，拉关系这种短线行为正好是关系管理的对立面。

具体而言，关系管理主要包括以下两方面的内容：一方面，中国组织中总有很多网络结构，包括内部亲信网、独立团队网和外部网络（由合作伙伴、外包商等组成）。如何建立与这些网络的长期关系，最终使得双方能够长期合作和共赢，就是关系管理需要处理的议题。另一方面，由于中国组织是上层级下网络及内层级外网络的结构，正式的科层架构和制度规章与非正式的网络之间就会存在一个界面。究竟如何处理这个界面？哪些事情应该依据硬性的制度决定，哪些事情又应该靠网络处理？如何处理好这个度，使得组织能够

"放而不乱",灵活而有序?这些都属于关系管理的范畴。

好的关系管理是在各方之间建立起和谐信任的氛围,使得各种活动都能够顺利快速而又低成本地运行。而所谓的拉关系走后门等现象,恰恰是对关系和网络的误用。组织中这种现象横行,正说明领导者关系管理的失败。

(三) 诚待天下以团队建设

许烺光所谈的情境中心理论、我所在谈的圈子理论,都说明,中国的员工能够建立圈子是他的文化习惯,他改变不了。然而在这个圈子,你可以把它变得很坏,变成派系、上有政策下有对策、搞潜规则的地方。但是,同时你也可以用"裂土封侯"的办法把它变成强大的激励,从而把它导向正轨。

《中庸》中强调的管理方式不是科层制式的控制,而是依靠愿景和价值领导,所以《中庸》谈管理的第一要务是天下至诚。诚是一切的开始。领导的表率和感召,建立组织价值观与愿景方向,才使得下面的人有共同方向,自我管理出良好的秩序,最终实现动态平衡的和谐状态,而不会大家方向不齐、心志不一。

"可以赞天地之化育"正是这种管理哲学的目标,简单来说,就是要生生不息。它追求的不是做大做强、短线竞争,而是做久做实,可持续发展。

裂土封侯式的团队建设方式,使得中国的组织结构往往呈现上层级下网络、内层级外网络的形态。组织的最上层仍然是一套完整的制度、规章和流程，强调制度和公事公办。然而，在组织中又有许多网络结构，如组织内部围绕核心领导形成的团队，分包出来的半独立单位，组织外部由外包商、战略联盟形成的网络等。所以中国组织的制度规定并不是完全限制死的，而是留有网络发挥作用的空间。聪明的老板是那些懂得"御将之道"的人。他们不会仅靠死的制度来约束员工，而是懂得运用网络的作用，从而能够决胜千里之外，既让员工有足够的权力和自由去闯出一片天地，又能保证他们最终不会背叛。要做到这样，当然要有一套治理机制，只是这套治理机制的核心是信任加上制度，信任来自关系管理，而关系管理又从诚意修身和以身作则开始。所以中国治理是礼法并治的。

（四）礼法并治

最后我们可以看到，一个好的自组织的治理强调的是礼法并治。礼治来自我们所谈的关系管理，培育一个信任的环境，加上德行领导，以身作则建立组织文化；也同时来自天下至诚，即因为诚意而设定愿景和方向，这样才能够建立出良好的礼治。而另一方面，法制却又是公平的基础，行为规范最后的保障，同时有了礼与法才能够做好自组织的治理。荀子所谈隆礼重法正是中国传统中最伟大的智慧。

"礼法并治"就是正式制度与非正式制度并存。中国社会并非不重视法，只是同时强调法外有理和法外有情。中国社会最怕的是苛法：一切都定得很死，没有任何空间，这会使所有人都缺乏动力和活力。因此，崇尚严法的秦朝短短几十年就亡国了。秦之后的朝代都吸取了教训，学会了在正式制度之外保留一定灵活机动的空间。在这个空间中，用以治理的就是"礼"。古代中国所说的礼，实际上是一套非正式制度。只有礼法并治而不悖时，组织和社会才能持续稳定发展，否则，就可能不是陷入动荡，就是陷入僵化。

今天的主流管理思想使我们的企业与社会陷入一种"僵化"状态，我称之为"现代管理的怪圈"。当我们想的都是理性经济人的管理理论，以控制、控制、控制为管理手段时，最常出现今天大型组织及社会管理中的问题，就是法订了一堆却得不到执行。一堆人"上有政策、下有对策"，于是就订更多的法，加强更多的监管，最后索性没人理会了，大家都依着潜规则办事，把法晾在一边。法反而成了寻租与找碴的工具，更无尊严。

所以聪明的领导都知道立法从简，执法从严，但今天的情况却常常是立法从严，执法散漫，最后大家有法不依。

如我们在自组织的治理选择理论中谈的，很多交易是不合适层级治理的。思想的、艺术的、知识的、感受性的、合作性的、信息高度不对称的、环境变化太快的、一对一服务的，用法律、制度、规章、流程与监管来控制，得到的往往是造假。人人填假报表，下级演戏给上级看，越是加强监管，就得到越多的造假，组织内道德就越败坏。今天很多的管理怪圈不就是这个现象？

相对应的，中庸思想中的管理目标不是创造一个精确执行上层命令的大机器，而是"万物并育而不相害，百道并行而不相悖"；即多元并存，相生相克，相互刺激，这样才能源源不绝地产生创意与活力，达到可持续发展的目标。

（五）动态平衡

中国历来推重的是尧舜之道。"舜其大知也与！舜好问而好察迩言，隐恶而扬善，执其两端，用其中于民。其斯以为舜乎。"依靠君王的德行和教化，建立一套礼治秩序，从而动态平衡各种不同的力量，建立和谐稳定的社会。

这段话强调的就是，我们在动态的环境中不断地因为情境的改变而能够不断地修正行为。在人情与公平之中、信任与权力之中、礼治与法治之中，我们都要能够明确过犹不及，不要折腾，不要极端，不矫枉过正，走偏了立刻修正回来，并在这种不断修正过程中保持一个动态的平衡。

而这个动态的平衡中，最重要的就是"放"和"收"之间的平衡，也就是自组织与层级制之间的平衡。我曾经利用了奥斯特罗姆、威廉姆森的理论以及格兰诺维特的理论，说明最主要的平衡还是建基在一定的情境之中的。我们会发觉一些情境适合自组织，另一些情境适合层级制的管理，还有一些情境适合市场。但中庸之道告诉我们，任何一种治理，都同时包含了这三者，只是有的时候偏重自组织治理，有的时候偏重层级治理，有的时候偏重市场治理。一方面，在不同的治理模式中，我们总是在不断地依情境寻求平衡；另一方面，任何一种治理模式都有自我扩张的倾向，逐渐让系统失衡，中庸之道就是要将之平衡回来。

随着后现代时代的到来，知识经济与服务业经济的兴起，越来越多的交易适合自组织治理。而中国人的管理智慧则是自组织治理的智慧，最强调就是人。第一件事情是"看人"、"收心"、"培训"、"因才器使"，然后授权，让他独当一面，最后裂土封侯给予激励。这一切的所作所为，都是为人而设的。何为商也？商就是交易，道就是道理。所以中国管理的智慧、中国的商道、交易治理的道理其实就是"对人的关系合同做治理"。这种对人的交易治理，前提就是我们强调的，它是文化的、愿景的、信任的、讲究人情和恩德的、礼治的。法也重要，因为"亲兄弟明算账"，"丑话要讲在前面"，约法三章才能建立制度的框架，辅助人际信任的建立。而这一切要由诚意与修身开始，所以中国人会说"做生意之前先做人"。这样的一套治理模式，实际上成了中国管理本质中一个最核心的思想。

三 中西管理哲学的差异

中国管理与西方管理最核心的区别，并不是"是"或

"非"的问题，也不是"有"或"无"的问题。我们的组织现象西方管理理论都谈到，西方管理理论我们也多有实践，不同之处在于程度和出发点。

中西方管理的差异并不是集体主义和个体主义的区别，也不在于科学管理和人本管理的区别。西方也有集体主义，只是西方的认同更多地建立在种族、阶级、性别、职业、年龄等因素之上。当然相对而言，西方更强调个人主义。中国人的集体主义则更多地表现为圈子中的行为。西方也有人治和礼治现象，也很重视文化、愿景等，并设计制度鼓励自组织，如晚近发展出来的内部创业制度与自我导向团队。但西方更重视的是流程、规章、制度，管理思维以规划与控制为主，因为这套管理预备了理性经济人的假设，所以组织是可以理性设计并理性控制的，这就是理性系统的思维。

西方的管理以理性系统为主，辅以自然系统的特征。因此，西方的组织通常更强调"对事不对人"，以流程、规章、制度为出发点，重视对事进行规划、执行、考核和奖惩。通过设定组织结构、规章制度和流程，员工成为大流程中的小螺丝钉。只是后来管理者们发现这些"螺丝钉"开始表现出不满的情绪，开始怠工和不服从管理，进而才产生了员工关怀、愿景管理等一系列人本管理的元素，以提高"小螺丝"的工作满意度、归属感和成就感，最终提高工作动机。

与理性系统相对应的是自然系统，它相信社会人的人性假设，认为人是需要关系、小团体、归属感与信任感的，所以人的结合是自然生发的，很多组织现象是不可能理性设计与控制的。中国的管理则一开始就从人出发，以自然系统为主、理性系统为辅。因而，中国人重视先管人再管事，强调"人对了，事就对了"。中国管理重视看人、收心、培训、因才器使，然后授权赋能，以期"我无为而事自成"。中国领导不会详细规定每个工作细节，而是在前期做好关系管理，建立信任之后，事情就是你的，所以领导的最高境界是"无为而治"。中国管理是先承认自组织，效率不是来自规章制度、规划控制，而是来自自组织。这是整个管理思维中最不一样的地方。

但我们也不禁要问：为什么自古中国还是要有一个比较健全的层级制度呢，而且在19世纪以前一直有着世界最大的层级组织？中国组织中理性系统的成分，是为了在管人的过程中，更好地规范行为底线，增加合作性和增强人际信任，也就是说，以法辅礼。我们也都知道，这些自组织固然非常有活力，但往往活力到了最后可能就会乱了套。乱了套的结果就是互相掐，互相卡，互相争斗，甚至最后变成藩镇割据，更糟糕的情况是变成军阀混战。我们为了避免这种情况，为了维持自组织单位之间的稳定，必须要有一个层级制度的组织来加以控制。但在这个层级控制过程中，中国还是非常强调礼治秩序和价值、文化的引导，并且礼治秩序是被放在第一位的。这一点和西方管理哲学有很大的差异。

中国管理虽然强调自组织，但也仍然需要保持层级权力和自组织之间的平衡，如何平衡？在中国政治组织的实践中，知识分子扮演了上下之间桥的角色。中国管理的本质是重视"皇权"和"绅权"的平衡，皇权代表的是由上而下的层级控制，绅权代表的则是由下而上的自组织。

中国传统政治组织的特点是"皇权不下乡"，县以下就没有中央权力的控制机构，而是基本由乡里自治。这其中，地方士绅就发挥了很重要的作用。费孝通在《皇权和绅权》一书中指出，在传统中国社会结构中，士绅扮演着特殊的角色：一方面，他们往往是退休官员，与皇权机构有着千丝万缕的联系，具备影响上层决策的能力。另一方面，他们又是地方自组织的领袖，负有维护地方利益的责任。皇权总是有自我扩张和从地方抽取资源的倾向，因而常常会在一些事情上与地方发生利益冲突。地方士绅恰恰位于自上而下的层级权力与自下而上的自组织权力碰撞的界面，是保护地方免受皇权侵蚀的屏障。

传统中国的政治格局中，儒家主张道统与政统的分离。知识分子代表道统，皇帝代表政统。中国自古重视官，不重视吏，科举考试的内容很大一部分是经文和诗词，这说明考察的最主要是德行，而非能力。有能力的人是"吏"，是技术官僚，在传统中国是不受重视的。代表道统的是官，是一群知识分子型官僚，他们要有为天地立心、为生民立命的胸怀。他们担任着制约皇权的重任，用儒家道统的理论来遏制皇权自我扩张的倾向，以维持治理的平衡。道统宣扬皇权的"无为"和"少为"，换得地方自由活动的空间，从而能够"藏富于民"、"藏智于民"，让各地自由发展，最终累积出丰硕的创意与财富。当然，绅权也不能过分扩张，否则中央衰落而地方壮大，会造成中央政令不行，地方尾大不掉，这也会影响政治的稳定。因此，如何在皇权和绅权之间取得平衡，是传统中国政治组织管理的重要议题。《资治通鉴》总是教皇帝如何统治天下，其中最重要的内容就是敬天法祖、纳谏、以身作则。虽然其中也有权谋的内容，但最主要的仍是如何实现无为而治。可惜现在很多人误将权谋作为中国式管理中最重要的内涵，这实在是一叶障目，不见森林了。

知识分子对上要代表道统约制皇权扩张，对下则要教化乡里，使之礼不崩乐不坏，扮演德行领导的角色，建立价值系统，设定文化规范，做好关系管理，使民间自组织不至于失序。士绅阶级作为地方社会精英和政治精英的结合，直接发挥着抵御皇权入侵的作用。如果皇权对地方资源的剥夺过于严苛，或者官僚系统层层加码、雁过拔毛，导致地方负担过于沉重，士绅可以向上找到关系反映给代表道统的文官集团。如果士绅曾经宦游京城，就可能直接找到中央官吏反映舆情，透过士人集团的抗议，以道统的理论争议政令的不合民情，或运用其自身的影响力与县官讨价还价，从而形成对地方自组织的保护。费孝通说层级权力与自组织、上下两层的结构是"政治双轨制"。

只是在儒家学说崇尚自然系统管理的思想下，理性系统归于隐性。中国人总是赞扬"有情有义"、"知书达理"、"德化百姓"等符合人伦规范的行为，对只知法令、流程的人，往往贬之以"俗吏"、"刀笔之吏"、"不谙人情"，甚至骂之以暴君、酷吏。所以，自然系统的管理思想在中国才是受赞赏的，理性系统则受到压抑。中国有时会矫枉过正，隆礼之时没有同时重法，带来社会秩序的紊乱。

所以说，中国管理哲学是以自然系统为主、理性系统为辅。由这样的中国本土管理特质的讨论，可以延伸出很多中国本土管理学研究的重要议题。

第一，中国自组织的形式以及与西方类似管理制度的比较，如挂靠与加盟、承包与内部创业，有什么相同点与区别？

第二，中国自组织的内在结构是什么？包括社会网结构与组织结构、关系内涵，以及自组织的过程等。

第三，自我管理的规则及规则制订的过程，包括操作、决策与宪法不同层面的自组织规章如何产生。

第四，自我管理的操作过程是什么？包括关系互动的法则、相互监督的机制等。

第五，自组织的治理机制是什么？包括礼与法如何平衡，如何交互运作，以及权力与信任如何交互运作等。

第六，企业的层级原则如何与自组织原则平衡。

第七，建立自组织治理所需的战略、文化规范、价值愿景领导与人力资源管理等。

第八，中国网络式组织的不同形态，及其因应环境而有的网络动态变化等问题。

第九，企业间网络，如一镇一产业、平台、外包网、商帮等作为一个自组织，其结构、规则及过程是什么？

第十，企业内网络与企业间网络的互动过程。

第十一，中国古代的管理哲学如何塑造这样的管理实务？

以上仅是举出了一些例子，相信中国本土管理学研究中还有更多有趣而值得进行研究的议题，这些都有待于更多研究者进行探寻。

但要如何做好这些研究呢，我以为现在在管理学界正方兴未艾的社会网理论与社会网分析方法，以及在社会科学、物理学、生物学、生态学、脑神经医学诸多领域都在发展的复杂网和自组织研究，可以提供中国商道研究良好的科学研究方法基础。

第九讲／中国商道研究方法论

中国管理的思维是将组织看做一个开放的复杂网络系统。这是社会关系网的系统，其中人际关系会自组织出各式各样的团体，有些取得合法性而成为正式组织的一部分，有的就保持着非正式团体的身份。因为自组织是从不同的源头自然生发出来的，所以这是一个多元并存的系统。这个系统最怕的，一是过度的控制，这会消弭多元的差异，使系统变得死气沉沉；二是缺乏内在的秩序，从而变得一团混乱。这也是一个开放系统，因为环境的不断变迁，系统也要不断地适应。所以如何既保持此一系统的内在平衡，让自组织自我管理保持秩序，又保持与整个系统的同一目标，自我协商维持合作，完成组织的使命，而且动态地自我调整，使系统与外在环境相适应，是中国管理本土研究的核心议题。

要如何做好这样的管理呢？如何把现代管理学的理论与中国商道相结合，发展出有中国特色的管理学呢？回顾过去一百多年来的西方管理大师的思想，我们可以找到一些线索，从而提出如何做中国商道研究的方法。

一　社会网理论如何研究组织

下面让我先回顾一下组织理论、管理理论的哲学源头，看看各个学派的代表人物的思想。当然在短短的几句话中我很难说清楚这些大师的所有思想内容，每一个大师思想之丰富，用一整本书来写都嫌不够，所以我只能把他们最特殊的贡献提纲挈领地说出来，难免挂一漏万。

现代管理理论的源头可以说有三个，一是美国的泰勒，二是德国的韦伯，三是法国的法约尔，我们只说前两个。泰勒是科学管理之父，其理论特色是将组织视为一个工作流程系统，假设组织是理性的，所以可以很清楚知道自己的目标，规划达成目标的手段，执行既定的计划。而其人性假设则是理性经济人，员工可以用经济因素的理性算计加以控制，简单地说就是 X 理论所强调的胡萝卜加大棒，可以令其成为工作流程上的忠实执行者。权力是由上而下的，所以领导者的角色就是设计更有效率的流程，监督执行这个流程。

韦伯则是层级制理论的肇始者，他视组织为一个层层控制的命令系统。同样地，他也预设了理性的组织与理性经济人的人性，权力由上而下，所以领导者要做的就是规划、命令、监督与奖惩，这些我在前面有所介绍。

其最大的特色是强调组织的非人格化，去关系化，这种理论被"现代管理"奉为圭臬，却是杜鲁克等人领军的"后现代管理"批判最凶的主张，也是以后所有组织理论家从组织管理的实际出发大声加以反对的。这套理论在实际中为什么有问题？富士康是一个好范例。它成功地将层级管理深入到不只员工的工作中，而且深入到员工的生活里，让员工人际关系疏离，欠缺社会圈子。这样的员工很好控制，但结果却是一连串的跳楼悲剧。

而韦伯遭到的最多的批判就是层级控制固然有效，但一定有一群人——就是决策者——的工作是无法用流程、规章、制度加以限制的。因为工作内容的变动性与高度不确定性，他们在制度之外有相当的自由度，而且负责控制整个流程系统与命令系统。层级控制越成功，权力就越向上集中。权力集中造成的后果一是腐败滥权，一是权力总是有自我扩张的倾向。

去人格化与去关系化，正好使员工变成原子化的个人，赤裸裸地暴露在组织暴力控制之下，使得权力更集中，更扩大，最后这种系统一定会因为贪腐与滥权而不可持续。

第一个起而反对韦伯层级制理论的是巴纳德，他将组织视为一个合作系统，合作需要沟通，所以组织也是一个信息系统。因为合作必须出于自愿，所以他认为权力是由下而上的，而且进行了社会人的人性预设，也就是人是追求社会意义的、人际满足的以及归属感的。但组织又是理性的，必须完成它既定的使命，如何将如此不同又追求社会意义的人组织在一起，让他们合作共同完成组织要做的工作呢？巴纳德提出组织人的假设，以为人被赋予意义之后，就会变得更愿和组织合作，所以领导者最重要的工作就是为组织设定共同目标，赋予员工工作的意义，向下收集大家的意见，协商整合出共同目标，再做好沟通说服。

这里我们可以看到中庸之道的西方"现代"管理理论的版本，看到"诚待天下"与"取其中而用于民"在管理学上的意涵。

更进一步地，梅耶在其霍桑实验中看到了组织无法排除人际关系的影响，从而视组织为一个人际关系系统，提出了社会人假设的管理理论。他发觉人会形成非正式的团体，要寻找认同感与归属感，需要人际关系的支持与情感的抚慰。但组织是理性的，要如何控制这些"地下派系"呢？由此领导的职责是创造和谐的人际关系以及建立良好的文化、规范，带来员工的工作满意度与组织忠诚度，并引导小团体配合组织的工作。

非正式小团体是自组织的先声，德行领导正是要创造组织文化以形成非正式规范，这些让我们再次看到中庸之道在"现代"管理中的影子。

将理性经济人假设与社会人假设作"正反合"的是西蒙。他提出有限理性的假设，因为信息不对称与机会主义行为，以及人的个性（有各自不同的追求与不同的利益诉求），所以人是想理性的，但却无法完全理性。西蒙主要研究组织的决策。他认为，因为信息不对称与机会主义行为，下面会"忽悠"上面，所以决策者得到的信息是不完整的，这会影响决策，致使组织也是有限理性的，也就是想理性而无法完全理性。为了有效取得信息，他视组织为一个信息交换的系统，领导者为了做决策，所以要设计出一些信息反馈的例行行为（routine，或译作惯例）。在受到梅耶与巴纳德的启示后，西蒙也不再以为如此多元诉求的社会人是可以直接控制的，因此提出了非强制性控制（unobtrusive control）的概念。领导的另一个职责就是做前提控制（premises control），也就是不直接控制员工，而控制他决策的环境，诱导其做出配合组织目标的行动决策。价值愿景、文化规范的控制，完美地融合进了这个有限理性的管理模型。

决策是因应外界环境变化而做，所以西蒙的理论把组织从只谈内部管理的封闭系统带向了需要考虑战略决策的开放系统。开放系统中又有了形形色色的学派，我各谈一个理性经济人与社会人的假设下最重要的学派。

理性经济人假设的代表是新制度经济学，领军人物之一是威廉姆森。他一方面承继了科斯的理论，认为组织是一个内部交易系统，也就是当一笔交易不适合在市场上做时，它就内化进入组织，在组织内做。另一方面，他承继了西蒙的有限理性学说，以为信息不对称、机会主义行为以及环境不确定性会带来市场上的交易成本。这些理论我在第二及第六讲中都曾谈到，所以领导的职责就是依环境与交易性质而做出战略选择，以确定市场、层级或网络哪一种治理模式最合适自身。

"经济学总是在研究人如何做选择，社会学总是在研究人如何无法做选择。"这是哈佛大学经济学教授德森伯瑞（Duesenbury）在促进经济学与社会学对话十年后的一段感叹。面对环境，新制度经济学以极小化交易成本回应战略选择，而社会学的新制度论（New Institutionalism）却研究组织在场力中如何"人在江湖身不由己"。一个相对封闭的领域，如一个社会、一个经济体、一个产业或一个组织，我们可以称之为"场"（field）；场内有许多作用力，称为场力。狄马杰与鲍威尔（Dimaggio and Powell）针对组织定义的"场"是："组织场是一群组织组成的社群，它们从事相类似的活动，并屈从于相类似的声誉暨规则压力。"

换言之，使组织"屈从"的场力包括信息类的，如声誉、口碑、顺应流行等；规范类的，如非正式规范的风俗、道德，以及正式规范的法律与制度等。这样的顺应是为了让组织在社会体制中取得合法性与合理性。所以组织被视为一个对外在环境的反应系统，反映着社会中各种场力所施予的压力。

表 4

	泰勒(Taylor)	韦伯(Weber)	巴纳德(Barnard)	梅耶(Mayo)	西蒙(Simon)	威廉姆森(Williamson)	塞尔茨尼克(Selznick)	格兰诺维特(Granovetter)	中庸之道管理哲学
组织	工作流程的系统	科层组织、命令系统	合作系统、信息系统	人际关系系统和非正式组织	信息系统、例行结构	交易系统(开放系统)	对环境的反应系统(开放系统)	社会网络系统(人力流、现金流、信息流、流物流)	开放、多元的复杂网系统
组织预设	组织是理性的	组织是理性的	组织是理性的	组织是理性的	组织是有限理性的	组织是理性的(做战略选择)	组织是不理性的	组织是有限理性	组织是有限理性的
人的预设	经济人假设、个人是理性的	经济人假设、非人格化的人	组织人假设、寻求意义的人	社会人假设	个人有限理性、多元化的个人利益	个人有限理性、信息不对称、机会主义行为	社会人假设	个人有限理性、同时又是社会人	社会人假设、多元化的个人利益
控制方式	物质的激励	强制性控制	赋予意义、共同目标、说服沟通	规范、文化、寻求关系、情感归属	例行行为、非强制性控制	(对环境控制)极小化交易成本	(对环境控制)顺应合法性与合理性	影响网络内的行动者(间接地控制)	关系管理、价值引导以及文化塑造
经理人职能	流程设计与执行监督	规划、命令、监督、考核	设定共同目标、沟通、整合意见	领导关怀、人际关系和谐、沟通、关心	信息选择、决策、前提控制	做出战略选择以决定组织结构	妥协、适应、政治过程	网络的交易治理、信任、非正式规范塑造	诚意、修身、动态平衡多元结构
权力	由上而下	由上而下	由下而上	非正式群体,类似由下而上	由上而下	由上而下,组织相有控制环境的权力	组织对环境设有控制能力	受制于环境但也有能动性	由下而上

▶ 179

第九讲　中国商道研究方法论

以格兰诺维特为首的社会网理论试着在开放系统中进行"正反合",这是因为它打破了传统分析方法中"过度社会化"和"低度社会化"的缺陷,在集体与个体、结构与行动之间架起了一座桥梁。经济学的分析将个人视作理性的经济人,这样的人是彼此无关联的、原子化的自由个体。这样的分析忽略了人与人之间的关系和连接。与之相反,传统社会学理论倾向于认为个人受到社会结构的牢牢束缚,行为被社会场力决定,缺乏自己选择的自由。

社会网研究认为,人性的有限理性的假设是不够的,人同时有追求关系、情感以及认同、归属的需求。它既承认场力对人或组织施加的限制与影响,也研究这个限制如何通过人际关系网络施压于个体。它同时又承认人的能动性,认为人在场力的限制中仍有行动的空间,而且可以将这些行动自组织为集体行动。人在社会网结构中可以寻找到空间做出行动的选择,同时又可能动员社会网去形成集体行动,以改变场力。

在这个视角下,组织被视为一个社会关系网系统,拥有网络式的结构,组织内有个人结合而成的网络,组织外则有其与其他组织结成的网络。各式各样的资源流,包括物流、现金流、人力流、信息流,都在其中。组织领导有能力动员自己社会网内的资源流以完成组织目标,但场力也会通过这个网络给个人与组织行动带来程度不同的限制。然而组织面对场力的压力又非完全无奈与无助,它透过动员外部网络自组织出集体行动,可以抵抗其压力,甚至能改变场力。

表4中，我扼要总结了这些理论视角，虽不尽详备，但却可以提供出来作个大致的比较。

随着时代移转，强调理性经济人与强调社会人的理论相间流行。从20世纪初开始，先是韦伯的科层制与泰勒的科学管理当道，制度与流程盛行天下；然后人群关系学派与领导统御术又流行起来，开始强调人性与文化。第二次世界大战后，工业工程、作业研究创造了蓝血十杰与通用汽车的神话，理性、流程、效率再次抬头。20世纪70年代后，梅耶的社会人模式与西蒙所开启的有限理性、行为研究又带来了组织行为学大行其道，工作满足、组织忠诚、组织公民行为等概念又成显学。另外，有限理性带来治理问题的讨论，欺诈成为开放系统的主要问题，新制度经济学遂红极一时。90年代趁着电子商务的崛起，汉默的企业流程再造重新当道，强调流程、信息化、制度化的声音转强。但随着社会网学派在21世纪初的崛起，非正式团体与人际关系结构对组织行为的影响，信任与治理的关系开始受到重视。关系管理、企业文化等议题再度成为显学，社会资本这些议题逐渐当红。

二 社会网的方法论观点

如前所示，中国人的管理学和巴纳德、梅耶与格兰诺维特等人的组织理论思想若合符节，中国是"关系社会"、"人情社会"，所以我认为社会网的视角是研究中国商道的良好理论基础，其研究方法是从事中国商道研究的良好工具。

中庸之道下的中国管理正好视组织为一个复杂网系统，其中自组织出来的多元力量相生相克，互成共荣。领导者一方面要做好"非强制性控制"，以动员网络中的资源完成组织目标，另一方面又要营造良好的"前提"环境，使多元力量平衡，并在开放系统中保持对外在环境的适应。复杂网与动态网的研究正好要分析整体性的系统、系统中的自组织，以及系统的动态变化。

在开放系统的视角下，社会网结构与行动是互为因果的：个体行动会自组织出社会网结构，社会网又会产生集体行动，进而集体行动可以影响场力；同时，场力又会影响社会网结构，场力与结构又对个体行动具有约束力。社会网可以在结构与行动之间搭起"桥"，也可以在个体与集体之间搭起"桥"。通过分析关系与社会网结构，微观个体行为到宏观社会现象之间的过程机制得到显现和说明。也因此，社会网分析是研究"关系"和探讨中国管理本质的最佳方法。

这些可用图9表示。

从社会网的观点来看，场力并不是直接作用在行动者身上从而决定行动决策，而是通过一个行动者身旁的关系及社会网来作用。比如，一个人周围的人大多接受了某一信息，会使此人也相信这一信息；一个人周围的人大多服从某一规范，就使得此一规范具有强制力，使此人也必须遵守。场力如何作用于个体关系的形成，以及个体如何在社会网结构中取得结构位置，是社会网研究的第一个议题。

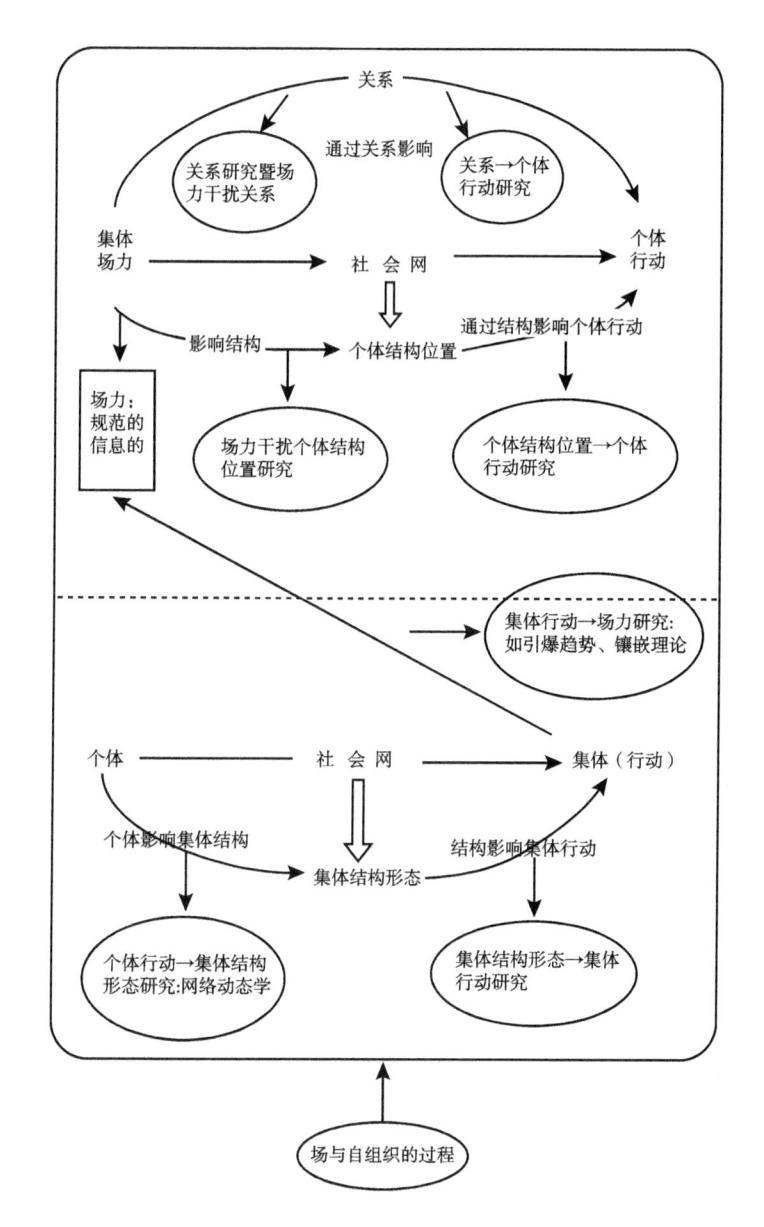

图 9　场、行动与社会网间因果关系示意图

进一步的，个体关系与个体结构位置（配合着场力的作用）会影响行动者的行动决策。一群人持之以恒又相互合作的行动法则会改变集体的社会网结构，从而在不同的结构中，相同的个体行动会"加总"出不同的集体行动，而这些集体行动一旦持续甚久又被制度化，则形成了场力。图9中的箭头方向说明此一过程的因果关系，而社会网研究正是要辅助解析这个从集体到个体，又从个体到集体的过程。其中，社会关系与社会网结构是这个过程中的桥。

基于图9中因果循环的理论架构，我们将社会网研究分成七个领域，图9中椭圆形的文字方块就说明了每一领域在此一因果关系链中的位置，下面分述之。

领域1：关系研究，以及个体因素（受场力或集体社会网结构干扰）→关系。过去研究主要关注如强、弱连带，连带强度，信任关系等领域，大量的社会心理学研究增强了我们对关系如何形成、如何运作的了解，社会学研究则帮助我们理解场力如何形塑这些关系。

在中国管理的议题中，可以研究，比如，什么样的关系在什么样的情境下可以完成怎样复杂的交易？一个人如何营造他的人脉可以形成不同层次的圈子，动员深浅不一的资源？一个人的行为特质会带来什么样的关系人脉？比如，修身、德行领导这些特质在组织中会如何形塑组织内关系？体制、声誉机制以及规范如何影响一个人对关系的选择？

领域2：关系→个体行动。过去这是个体社会资本研究的主要领域，个体或企业的关系及自我中心社会网的广度、高度及多元性将会影响行动者的商机、资源取得，进而影响其生存与发展。代表性研究为林南以及其借由个体中心社会网方法发展出来的职位生成法。

在中国管理的议题中，可以研究，比如，一个人的关系如何影响他在公司内的升迁？如何影响他的工作努力程度？如何影响他的转职、离职？或如何影响他结成圈子？如果是领导，人脉如何影响他对管理制度的选择？如何影响他的决策方式？在公司外则如何决定他的战略选择？或如何形塑他的企业在大环境中的生存与发展的能力？如何形塑他与其他公司的互动方式？

社会网研究主要就是两项，一是关系，一是社会网结构。行动者的社会网结构位置如何取得，场力和个体位置因素如何共同决定这些个体结构位置，是另一个主要议题，因此而有下述研究领域。

领域3：个体因素（受场力或集体的社会网结构干扰）→个体结构位置。一些组织行为学者或社会心理学者研究了个体结构位置因何而取得，亦有研究采用了 HLM 模型，以场力或集体社会网结构为干扰变量，分析个体因素如何影响个体结构位置。

在中国管理研究的议题中，可以研究，比如，在不同的制度环境与组织文化气氛中，一个人的个性与人脉会如何影响他加入圈子？他在圈子中是中心地位还是边缘人？他会不会是不同圈子之间的桥？在公司外，他会不会成为不同组织间的桥？体制、声誉机制以及规范如何影响一个人对自己社会网结构位置的选择？

领域4：个体结构位置→个体行动。博特的结构洞理论可为这一类研究的开山之作与代表作，以后这类研究是整体网研究数量最多的一类。

除了上述研究集体的力量如何通过关系暨社会网结构影响个体行动外，社会网理论也分析个体行动如何"加总"成为集体行动，以及集体行动如何形成场力的问题。

在中国管理研究的议题中，可以研究，比如，一个人中心/边缘、圈内/圈外的位置会如何影响他在公司内的升迁？如何影响他的工作努力程度？如何影响他的转职、离职？如果是领导，如何影响他对管理制度的选择？如何影响他的决策方式？在公司外，他的中心/边缘、圈内/圈外的位置如何决定他的战略选择？或如何形塑他的企业在大环境中的生存与发展的能力？如何形塑他与其他公司的互动方式？

领域5：个体行动→集体社会网结构。这就是行动者自组织过程的研究，也是动态社会网理论主要处理的议题，其中最初引起社会科学界注目的就是 Watts 的小世界研究（small world；1998）。这类研究以个体的"搭桥"行为以及"趋同"行为解释了为什么社会网会有小世界的结构。个体的某些行为方式会彼此联结，进而决定了大社会或局部团体的集体结构形态。

在中国管理研究的议题中，可以研究，比如，这些个体行动如何在一个开放系统自组织出不同的小团体？系统中会造成多少圈子产生？圈子之间是交流还是对抗？圈子之间是"一元独大"，还是多元平衡？

领域6：集体社会网结构→集体行动。一个集体的社会网结构又会进一步影响集体行动，这是集体社会资本研究中的一个重要部分。在组织研究中，一个集体的学习、创造力、知识传播、工作效能以至一个战略结盟的成与败都受其内部社会网结构的影响。

相同的行为在不同的集体社会网结构中会产生不同的集体行动，在中国管理的议题中，可以研究，比如，利益矛盾中的冲突行为，在多元平衡的系统中如何形成集体协商？但在二元对抗的系统中如何导致"内战"以及秩序混乱？在一元独大的系统中如何成为以大吃小的过程？如何在这些不同系统中，平衡这些力量？

领域7：集体行动→场力。一些群体的集体行动以及群体与群体间的互动会形成一个场域中更强大、具胁迫性的场力，如信息的累积会引爆流行，群体的相似行为会引爆趋势，或协议形成制度，以及共同认可形成规范。

在中国管理的议题中，可以研究，比如，在不同系统中如何制定不同的自组织治理机制？这些机制会在什么样的集体力量下产生？在不同系统中，声誉机制如何被制定？规范如何形成？

制度、规范、声誉机制这些场力如何影响个人,个人如何选择并塑造自己的人脉网及结构位置。在场力限制中,个人的人脉网及结构位置如何决定他的行为决策,进而个人行为决策如何形塑集体的社会网结构,比如形成圈子。不同圈子可能自组织成多元的力量,而决定了系统的特质。最后在不同系统中,自组织出来的力量又会产生不同的制度、规范与声誉机制。

一个系统就是如此循环往复地发展与演化。中国人的管理哲学正是要促成此一系统之中多元平衡的结构,多元而有联结才能生生不息,否则不是系统死寂,就是系统崩解。

两千多年来中国传统的智慧正是要告诉我们这个生生不息的道理,以及管理这个开放复杂系统的理想哲学。

图书在版编目(CIP)数据

中国商道：社会网与中国管理本质/罗家德著；谢朝霞整理.
—北京：社会科学文献出版社，2011.1（2019.2 重印）
ISBN 978 - 7 - 5097 - 1941 - 1

Ⅰ.①中… Ⅱ.①罗… ②谢… Ⅲ.①商业管理 - 研究 - 中国 Ⅳ.①F722.2

中国版本图书馆 CIP 数据核字（2010）第 223245 号

中国商道
——社会网与中国管理本质

| 著　　者 / 罗家德 |
| 整　　理 / 谢朝霞 |

| 出 版 人 / 谢寿光 |
| 项目统筹 / 童根兴 |
| 责任编辑 / 童根兴 |

| 出　　版 / 社会科学文献出版社·群学出版分社（010）59366453 |
| 　　　　　　地址：北京市北三环中路甲 29 号院华龙大厦　邮编：100029 |
| 　　　　　　网址：www.ssap.com.cn |
| 发　　行 / 市场营销中心（010）59367081　59367083 |
| 印　　装 / 北京虎彩文化传播有限公司 |

| 规　　格 / 开本：787mm × 1092mm　1/20 |
| 　　　　　　印张：10　字数：123 千字 |
| 版　　次 / 2011 年 1 月第 1 版　2019 年 2 月第 2 次印刷 |
| 书　　号 / ISBN 978 - 7 - 5097 - 1941 - 1 |
| 定　　价 / 35.00 元 |

本书如有印装质量问题，请与读者服务中心（010 - 59367028）联系

版权所有 翻印必究